Colección Ideas en debate
Serie Historia Antigua-Moderna

Director de serie
José Emilio Burucúa

De Heródoto a Polibio
se publicó originariamente en la
Colección Austral de la editorial Espasa Calpe,
Buenos Aires, 1952.

Edición actual:
Marzo de 2009, Buenos Aires, Argentina
© 2009, Miño y Dávila srl
© 2009, Pedro Miño

ISBN: 978-84-92613-13-7

Composición y armado: Paola Casiva
Diseño de colección: Gerardo Miño

José Luis Romero

De Heródoto a Polibio

El pensamiento histórico
de la cultura griega

MIÑO y DÁVILA
◆ E D I T O R E S ◆

MIÑO y DÁVILA
◆ E D I T O R E S ◆

www.minoydavila.com.ar

En Madrid:
Miño y Dávila editores
Arroyo Fontarrón 113, 2ª A (28030)
tel-fax: (34) 91 751-1466
Madrid - España

En Buenos Aires:
Miño y Dávila srl
Pje. José M. Giuffra 339 (C1064ADC)
tel-fax: (54 11) 4361-6743
e-mail producción: produccion@minoydavila.com.ar
e-mail administración: administracion@minoydavila.com.ar
Buenos Aires - Argentina

INDICE

❧ PRÓLOGO ❧

por *Domingo Plácido*
Universidad Complutense, Madrid

Las relaciones del hombre con el objeto de sus conocimientos pueden ser tan variadas como los términos en que se plantean en sí mismas tales relaciones. Por una parte, a lo largo de la historia los objetos de estudio se van alterando cualitativa y cuantitativamente. Las características del objeto de análisis de un científico –en el sentido amplio de la palabra, derivado del latín *scire*– se han transformado de modo radical a lo largo de la historia de la ciencia, al tiempo que se han ido produciendo nuevas vinculaciones que introducen factores de gran complejidad en cada uno de los campos. Cualquiera de éstos requiere una profundización que a veces impide la conciencia del lugar que ocupa en el conjunto del saber. Ello supone la necesidad de desarrollar nuevas actitudes por parte del hombre de ciencia.

Sin embargo, además de tales factores relativamente cuantitativos, desde Kuhn se sabe que los mismos paradigmas científicos se van alterando en la sucesión de lo que él llamaba las revoluciones científicas, no ajenas a los cambios que se producen en general en la historia. Los presupuestos del conocimiento se van alterando en una serie de matizaciones que modelan incluso el lenguaje de la expresión en cada una de las especialidades. Cada especialidad adquiere su propio discurso y es imprescindible acceder a los campos específicos para entrar en contacto con los propios objetos. La realidad que se estudia es aquella que se proponen como objeto los científicos en sus condiciones históricas. Sólo el científico del siglo xx pudo plantearse las cuestiones que pudieron llevar a las teorías de Einstein, que sabía muy bien que la realidad de la Física era la que elaboraban los físicos, como la realidad del Big-Bang es la que se plantean los actuales astrónomos y la que expresan en su propio lenguaje. No es más ajena a la realidad de quien conoce ni la Física Cuántica ni la concepción del origen del universo que la comprensión del funcionamiento de las sociedades del pasado.

El lenguaje de los historiadores es hoy el que dominan los hombres de hoy, con el que pueden enfrentarse hoy a los problemas del pasado. Las pretensiones de acceder a un conocimiento del pasado "tal como fue" pertenecen a una sección ingenua de las escuelas históricas ancladas en el positivismo del siglo xix. Hoy todo historiador sabe que sólo puede acceder al pasado desde el hoy, y que el presente es la fuente del discurso por el que puede comprender el discurso de los hombres del pasado. La conciencia de que se usa un lenguaje específico y de que se parte de unas condiciones históricas que condicionan ese lenguaje así como el propio hábito del historiador como tal, cuando trabaja solo o cuando se integra con los colegas, es reconocida hoy como el instrumento fundamental para liberarse del subjetivismo, cuya peor víctima es precisamente quien cree estar libre de él por puro voluntarismo.

Por eso, por otra parte, así como cambian los contenidos de las ciencias y los paradigmas científicos, importa saber cuál es la posición del hombre en la historia, la propia posición del yo en la historia. La creciente especialización en el estudio de las fuentes y la inmensidad de la bibliografía actual imponen al historiador una especialización que con frecuencia le impiden contemplar la unidad de la historia. Por eso resulta tan enriquecedora la obra de quien, como José Luis Romero, fue capaz de tocar temas históricos de una manera amplia e integradora. De este modo, nunca hay un tema en su obra que pueda aparecer como alejado de las preocupaciones del hombre actual, ni siquiera el de la antigüedad clásica, tan a menudo objeto de estudios que conducen a la evasión y a la idealización de una parte del pasado como si fuera ajeno al resto de la humanidad. De este modo, el mundo clásico aparece tan actual como los problemas del hombre contemporáneo. Eso es así porque Romero sabía que el historiador no podía dejar de sentirse protagonista de la historia. El tema principal de sus reflexiones venía a ser, en definitiva, el de las relaciones entre el historiador y la historia. Así, sus propias experiencias históricas le permitieron lanzar una mirada clarividente sobre América Latina, pero también sobre la Edad Media y sobre el mundo clásico. Ahora bien, del mismo modo, sus reflexiones sobre el mundo clásico le ayudaron a observar y a vivir la realidad presente de América Latina.

Como protagonista de la historia, el historiador cambia y cambian los paradigmas del conocimiento historiográfico, y cambia el lenguaje a través del cual comprende y se comunica. Al reflexionar precisamente sobre la historia, las relaciones entre la propia conciencia histórica y el propio modo de acercarse a la historia se hallan en relaciones íntimas imposibles de discriminar. Lo único que puede hacer el historiador consciente es, precisamente, analizarlas. Hacer siempre al mismo tiempo historia y análisis del conocimiento histórico. Romero se adelantaba en eso en gran medida a sus tiempos. Él sabía que el conocimiento histórico está relacionado con los cambios de la conciencia del historiador y de sus propias relaciones con su entorno. Sólo vivir históricamente y pensar históricamente permite profundizar en los desarrollos históricos del pasado, incluso de los más remotos.

Tales son los presupuestos de la presente obra, sorprendentemente moderna cuando se tiene en cuenta que se publicó originalmente en el año 1952. Por entonces se publicaba la *Idea de la historia* de Collingwood y se renovaban algunos de los planteamientos de la obra de Nietzsche que afectaban a los presupuestos metodológicos del historiador. Para el filósofo, de cualquier dato referente a la antigüedad había que conocer ante todo *quién* hablaba. La crítica del conocimiento histórico ha llevado sin duda a posiciones escépticas como las del White y Veyne, que conducen a la conclusión de que, como todo es subjetivo, "todo vale", es decir, a la negación de la historia, sustituida por una especie de género literario específico que se dedica al relato "verídico" de los hechos. Antes, en una línea crítica, pero positiva, Romero apostaba por un conocimiento histórico productivo, enriquecido por el análisis de las condiciones subjetivas del historiador, de las suyas propias y de las de los historiadores de la antigüedad. La comprensión de que el historiador está sometido a las condiciones históricas del presente no devalúa la obra de éstos, sino que antes bien la convierte en un testimonio vivo de la presencia del pasado en el presente, de la virtualidad eterna de los estudios históricos, de la dinámica del valor del tiempo como eje del pensamiento y de los comportamientos humanos. Sólo así el hombre acaba sabiendo dónde está y, por tanto, dónde estuvieron los historiadores del pasado en cada caso y, a partir de ahí, en qué condiciones se hallaban en relación con sus propios temas de estudio. Al darse cuenta de cuáles eran sus relaciones con la América Latina contemporánea y de que tales relaciones modelaban sus estudios del pasado, Romero pudo intuir las relaciones de Heródoto, Tucídides o Polibio con sus propias épocas, a partir de las cuales se lanzaban a intentar la comprensión de las mismas y a buscar las formas del control intelectual que un historiador puede ejercer sobre el mundo que lo rodea.

Por ello, si la obra historiográfica de Romero se centra más en épocas recientes, sus estudios sobre la cultura griega adquieren un carácter especialmente paradigmático. Muchos pueden reconocer que los estudios de historia contemporánea están condicionados por las posiciones del historiador, que puede haberse visto afectado por las guerras mundiales o por las dictaduras del siglo XX. Es más difícil percibir la relación que existe entre las experiencias personales y la antigüedad clásica. De hecho, para muchos estos estudios son un vehículo para la evasión del presente. Romero en cambio vio que, como su propio pensamiento histórico era un producto de la historia, también lo eran los de los historiadores antiguos, de forma que se organiza así un complejo sistema epistemológico, entre la capacidad de conocimiento de un americano del siglo XX acerca de la capacidad de conocimiento de los griegos de la antigüedad acerca de sus propias realidades históricas.

La experiencia presente le enseña, pues, que sólo pueden utilizarse los escritos de los historiadores clásicos si se penetra en su propia realidad histórica, en las relaciones entre estos historiadores y la historia vivida, como él aprende a hacer historia en la propia conciencia histórica, viviendo históricamente la historia. Por eso nunca olvida que la obra histórica se presenta como una obra literaria, que el estatuto del texto de los historiadores antiguos nunca podría ser comparable al de los actuales escritos académicos. Éstos también están insertos en la historia, pero de un modo diferente, precisamente porque están insertos en otro momento histórico. La historiografía contemporánea es un producto histórico que nace en el siglo de la Ilustración, y ha cambiado mucho desde entonces, a través de todas las vicisitudes de las guerras mundiales, las revoluciones y los debates ideológicos. Pero la historiografía antigua pertenece a un mundo muy diferente. Tan ingenuo es creer a los historiadores antiguos como si fueran nuestros colegas, por tomar la famosa expresión de Nicole Loraux con relación a Tucídides, como no creerlos en absoluto porque no eran como los historiadores actuales. El conocimiento histórico se debe caracterizar por la flexibilidad intelectual ante las relaciones del pasado con sus propios modos de darse a conocer, es decir con sus herederos en el mundo actual.

Sólo así es posible penetrar en asuntos tan delicados como el de las relaciones de Heródoto con el mito y las leyendas transmitidas en la literatura poética, o las de Tucídides con la oratoria y la tragedia, o de Polibio con la filosofía estoica. Ni el concepto de historia mítica o retórica, ni el de historia trágica pueden significar una devaluación, sino un arma para penetrar con un bagaje intelectual más fuerte, para comprender, y no sólo para aprender una cierta relación de hechos del pasado. En tales condiciones es como se puede hacer una historia verdaderamente interesante, que no se limite a contar "lo que realmente sucedió", sino que enseñe algo sobre el hombre en colectividad, sobre el hombre en el tiempo, sobre las relaciones entre el pasado y el presente, que ilumine el presente desde el pasado y el pasado desde el presente. Romero sabe que la capacidad de penetrar en los enigmas de la realidad histórica por Heródoto, Tucídides y Polibio depende de la conciencia histórica de cada uno, como su propia capacidad depende de la conciencia histórica con que vivió la realidad latinoamericana y universal que le tocó vivir.

La muerte truncó en plena juventud la obra de José Luis Romero, pero dejó marcado un camino de enorme trascendencia en muchos terrenos y, en concreto, para la comprensión histórica de la historiografía griega como historia contemporánea.

JOSÉ LUIS ROMERO

DE HERÓDOTO A POLIBIO

EL PENSAMIENTO HISTÓRICO DE LA CULTURA GRIEGA

COLECCIÓN AUSTRAL

Facsímil de la portadilla de la edición original de la colección Austral (1952).

15

❦ INTRODUCCIÓN ❦

No podría negarse que para un espíritu dotado de excepcionales aptitudes, es posible adquirir, mediante el libre ejercicio de sus capacidades, una conciencia clara de la situación histórica real que caracteriza a su propio contorno, vaga e invisible atmósfera que requiere, para ser comprendida, una peculiar disposición de ánimo. Aquellas aptitudes son, en efecto, excepcionales; pero como este menester es necesario, parece imprescindible que quien quiera vivir históricamente, esto es, con clara conciencia de la situación real, deba ejercitar su espíritu para acostumbrarse a pensar históricamente. Como hay, por ejemplo, una actitud mística, hay también frente a la vida una actitud histórica, y así como existe una experiencia mística existe también una experiencia histórica. El abandono de esa actitud, potenciada en el hombre de Occidente con mayor o menor intensidad, conduce a una constante interferencia entre el ser y el acontecer al juzgar las situaciones históricas, tanto aquella concreta que para cada uno constituye su presente como cualquiera de las pretéritas con que se enfrente. De esa interferencia se deriva una confusión entre lo necesario y lo contingente, entre lo transitorio y lo perenne, que desemboca inevitablemente en interpretaciones por lo menos equívocas y con frecuencia erróneas o disparatadas. En todos los casos, lo más grave es que de tales interpretaciones no puede surgir con claridad la problemática propia de determinada situación histórica y, en consecuencia, es improbable que pueda derivarse de

ellas una precisa orientación susceptible de proyectarse sobre la conducta. Y aun cuando no es seguro –téngase bien
presente– que una correcta formación histórica proporcione
los instrumentos necesarios para pensar históricamente,
de todos modos es incuestionable que, si hay que llegar a
ello, solo puede lograrse por esa vía. Se afirma la necesidad
de la historia, porque si, como decía Sócrates, una vida sin
examen no es vida, el análisis de la situación histórica real y
la conquista de una conciencia de esa situación constituyen
dos de los momentos más trascendentales de ese examen
fundamental.

Se ha sostenido reiteradamente en nuestro tiempo que
pocas veces ha sido tan escasa la preocupación por la historia
como ahora, y tan poco frecuente la lectura en esa disciplina. Al menos, pocas veces ha sido tan escasa la producción
histórica de alta calidad dirigida a la generalidad del público
culto y no a los especialistas. Y suele inferirse, con algo de
razón, que ello se debe a que se ha disminuido el interés del
público lector por la historia. Larga sería la discusión de las
responsabilidades, porque si bien hubiera podido ocurrir
que el lector, manteniendo su antigua predilección por la
historia, haya abandonado a los historiadores profesionales
por encontrarlos demasiado *dry-as-dust,* como decía Carlyle,
y haya buscado refugio en otras formas más accesibles de
literatura histórica –la biografía novelada, por ejemplo– o en
la densa bibliografía política que incluye abundante información sobre el pasado inmediato. Si las cosas han ocurrido
de esa manera, como es muy probable, aún tendríamos que
reconocer que hay una notoria despreocupación por el apren-
dizaje y por el ejercicio de la conciencia histórica tal como
se logra con la frecuentación de los grandes historiadores.
Acaso se lea a Lytton Strachey, a André Maurois, a Laskí
o a Koester, o a muchos otros de menor calidad; pero es innegable que no se lee ya a Gibbon, a Michelet, a Mommsen
o a Gregorovius con la misma asiduidad e interés con que
Montaigne, por ejemplo, leía a Plutarco o a Tito Livio, en los
que buscaba no sólo el conocimiento del pasado sino también
su interpretación luminosa y ejemplar, capaz de servir como
guía para una interpretación del presente.

En otro tiempo pareció inexcusable proveer a los jóvenes
príncipes de una cuidada formación histórica que enriquecie-

ra su experiencia con el espectáculo de los "casos humanos representados a lo vivo". Pero en el nuestro, la formación histórica no puede ser patrimonio de príncipes, que casi no quedan, ni siquiera de presuntos aspirantes a conductores de masas porque nadie puede saber de dónde habrán de salir quienes encarnen ese papel y porque nadie puede ahora quedar al margen de la vida política y su torbellino. La formación histórica debe ser, pues, preocupación de todo hombre que se sienta vivo e incorporado a una colectividad, aun de aquel que no siente particular predilección por la política y pretende desentenderse de ella, porque aun pasivamente cuenta su opinión y nadie sabe cuánto tiempo puede durar tal pasividad frente a la fuerza de los hechos. Si se considera la peculiaridad sociológica de nuestro tiempo, se advertirá que por las mismas razones que asistían a Amyot, a Guevara, a Maquiavelo o a Bossuet en otras épocas para preocuparse por la formación histórica del príncipe, es imprescindible ocuparse hoy de las multitudes, de quienes viven esa "opinión media" que adquiere cada día mayor valor. Problema nuevo, sus dificultades son inmensas, pero no por eso debe dejar de destacar su urgencia quien está convencido de ella. Pues aunque, como yo he señalado, no sea absolutamente seguro que la formación histórica logre crear una clara conciencia de las situaciones reales, lo cierto es que constituye la mejor de todas las vías para conseguirla.

Esta opinión —advirtámoslo— dista mucho de ser unánime. Una fuerte corriente de pensamiento se manifestó desde fines del siglo XIX contra el historicismo, y a su cabeza se colocó con su irreprimible energía interior Nietzsche. Afirmaba, en el estudio que tituló *De la utilidad y de los inconvenientes de los estudios históricos para la vida*, que la formación histórica debilitaba los impulsos vitales, que nada enseñaba, en realidad, de "las cosas del pasado, sus procedimientos y sus artificios, su verdadera cosecha vital"; y agregaba que era más importante enseñar a vivir, porque consideraba que la vida "sufre de la enfermedad histórica", pues el exceso de tales estudios "ha debilitado la fuerza plasmante de la vida". Este tipo de diatriba contra la historia halla su justificación no tanto en la peculiaridad esencial del conocimiento histórico sino en cierta peculiaridad circunstancial que la ciencia histórica adoptó a partir de principios del siglo XIX. Desde entonces el divorcio entre la historia y la vida comenzó a acentuarse indebidamente y justificó cierta hostilidad frente a la primera. Porque acaso la tragedia de la historia resida en su naturaleza bifronte y en su constante tensión interior entre sus dos caras.

La historia y sus dos caras

En última instancia, nadie, ni siquiera quien no haya percibido nunca la dramaticidad de la experiencia histórica, puede afirmar con pleno derecho que la frecuentación de la historia contradice los intereses de la vida. Podrá discutirse el género de conocimiento histórico preferible, o la medida en que deba proporcionarse en relación con otros aspectos del saber; pero no negarse necesidad y la licitud de la formación histórica, aun cuando sea concebida en tan parva proporción como la que entra –teñida de peligrosa ingenuidad– en la experiencia misma de la vida. Porque, ciertamente la fuente primera de la experiencia histórica reside en el presente de cada uno –lo que es todavía su vida– y de él provienen numerosas inferencias que insurgen, ingenuas o elaboradas, ante los ojos como verdaderas y decisivas opiniones.

El presente de cada cual, en el que convergen todas las líneas de la compleja realidad de la vida histórica, plantea la dura exigencia de resolver en cada instante el problema de la conducta histórica. Y quien tenga a menor inclinación –espontánea o adquirida– a la reflexión, descubrirá en esa experiencia la historicidad de la vida. La reflexión lo conducirá hacia el presente en el momento en que el presente se torna ya pasado, y tras el pasado inmediato descubrirá el hombre reflexivo el insondable abismo del pasado remoto al que está rigurosamente encadenado.

Desde entonces, aun la reflexión sobre el presente se hace, en alguna medida, conciencia histórica; y quien siente en su ánimo la mordiente inquietud del presente y el futuro, no puede sino esperar que haya un saber de la historia que acuda en su auxilio, una historia viva que le hable de lo que él quiere oír y responda a las inquietudes que lo carcomen.

Esa historia viva no puede ser, sin duda alguna, la que nos llega revestida de un ropaje erudito sino la que, construyéndose sobre la erudición, supera la etapa inquisitiva y logra alcanzar los estratos profundos de la vida histórica. Esa historia viva está escondida en los testimonios, pero no surge de ellos sino cuando se la suscita con una voz conmovida por la inquietud de la existencia. Y cuando se la sabe suscitar o se la halla revelada por quien ha sido capaz de hacerlo, se descubre en seguida su indestructible conexión con el presente porque revela un pasado que constituye la inconfundible realidad espiritual del hombre y el secreto arsenal de sus potencias para lo que puede llegar a ser. "La historia se hace historia viva —he escrito en otra parte— cuando el presente plantea interrogantes acerados que es necesario resolver con madura responsabilidad y el hombre reflexivo procura establecer el significado del tránsito a que asiste, atento a sus raíces tanto como a sus proyecciones. Seguramente, de otros tiempos sabe muchas cosas, de importancia varia y de planos diversos; pero ahora se interesará, seguramente, tan solo por algunas de ellas, las que integran el sistema que incluye de modo inteligible el presente y su drama".

Pero frente a esta historia viva que merece plenamente ser llamada conciencia de la vida, hay otra suerte de conocimiento histórico que puede ser calificado como mero saber. Podría suponerse que se trata de dos aspectos de una misma cosa, que bastaría con distinguir convenientemente con otros tantos términos suficientemente claros y precisos. Pero lo cierto es que para muchos —y particularmente para los especialistas— esa última suerte de conocimiento no sólo merece legítimamente el nombre de historia sino que, además, constituye la única forma respetable dentro de esta disciplina, en tanto que aquella en la que palpita con dramatismo la vida parece a sus ojos escapar hacia los dominios de la literatura, la filosofía o la política, según los casos. Ya veremos cómo este tipo de saber tiene un legítimo derecho a contar como historia y a reclamar el reconocimiento de su misión dentro del saber histórico. Pero a partir del siglo XIX se ha producido tal ensoberbecimiento de la erudición —aun nada más que como tal erudición— que es menester tratar de establecer nuevamente las relaciones correctas que deben existir entre ambos tipos de saber.

Particularmente desde el siglo XVII, la ciencia histórica comenzó a tratar de obtener un mayor perfeccionamiento en sus métodos de investigación y de crítica. La labor cumplida por bolandistas y benedictinos se continuó ininterrumpidamente y entroncó luego con las direcciones de la filología hasta plasmar en el siglo XIX en un método propio de la historia, cuyos más altos maestros fueron Niebuhr, Ranke y Mommsen. A partir de entonces, la historia afirmó el carácter científico de los conocimientos que alcanzaba, en virtud de su capacidad para la crítica de las fuentes y la conquista del dato objetivo, y trató de acercarse a los modelos metodológicos más perfectos, que residían en las ciencias naturales, de acuerdo con los principios que estaban en vigor desde Kant. Porque lo que ensoberbeció a la historia no fue solamente su rango de saber objetivo. Junto a la dignidad que ostentaba en virtud de sus métodos, en una época de plena hegemonía del cientificismo, aspiró a equipararse a las ciencias naturales en la posibilidad de hallar una objetividad absoluta –como la que Ranke postulaba– y en la de llegar a establecer un sistema riguroso de leyes para la vida histórica. Pues no debe olvidarse que también la rozó por entonces el practicismo y se pudo aspirar a la conquista de reglas precisas del desarrollo histórico.

Este vasto esfuerzo proporcionó a las ciencias históricas conquistas importantes. Se acumularon ingentes cantidades de materiales correctamente trabajados y se pudo llegar a la apertura de nuevas vías para saber más y más sobre multitud de temas antes poco explorados. Además se logró saber mejor, saber muchas cosas con absoluta certeza, y rechazar como inseguros o como inexactos muchos datos y aun muchos conceptos habitualmente usados. Pero en la misma medida se comenzó a desvanecer el trabajo de interpretación, y a las síntesis de conjunto comenzaron a reemplazar con sorprendente abundancia las monografías eruditas. Y así, identificada con la pura erudición, la historia comenzó a perder significación vital, en la medida en que ganaba significación científica. La búsqueda pareció más importante que el hallazgo y se comenzó a buscar cada vez con mayor ahínco y sin otro objetivo que el de acumular datos; así se fue perdiendo de vista el conjunto del pasado en cuanto interesa para el hombre vivo, en cuanto se transfigura en conciencia de la vida histórica.

Sería superfluo justificar aquí el enorme valor de esta labor erudita e intentar la defensa de esta faz de las ciencias históricas, que se defiende por sí sola. Precisamente la tragedia –y la grandeza– de la historia proviene de su naturaleza bifronte, de que posee dos caras y de que se manifiesta igualmente como mero saber y como historia viva o conciencia de la vida histórica. "Acaso sea este duro contraste –escribía yo en otro lugar– que se establece en el espíritu de cada historiador, de cada hombre en tanto que tal, entre este ciclópeo ejercicio de la conciencia histórica y el minucioso menester de la investigación, lo que configura la proteica naturaleza de la actitud histórica; dos caras hay en ella, en efecto, que reclaman esfuerzo parejo aunque de desigual trascendencia, porque la actitud histórica no es tal sino cuando se la realiza como conciencia y como ciencia; en cada una de ellas se ejercitan capacidades muy diversas y se tiende hacia objetivos muy distintos; en cuanto ciencia, aspira a una máxima objetividad, fundamentada en prueba minuciosa; en cuanto conciencia, procura que los elementos se incorporen en una estructura poseedora de un sentido que no se encuentra en los testimonios y que sólo aparece cuando el dato se funde en un complejo organizado según un esquema intelectivo. Estrechamente dependiente de la vida creadora y multiforme cuya experiencia personal obra en el historiador, la actitud histórica proyecta inevitablemente sobre la reconstrucción del conjunto de los datos, intereses y tendencias que corresponden a la pura subjetividad; mientras lucha por liberarse de ellos perfecciona su capacidad instrumental; pero cuando ahonda la busca del sentido profundo de los datos que se le ofrecen, se aleja de ese ideal científico tan trabajosamente elaborado a lo largo de la Edad Moderna. Es, pues, duro su sino; solo como conciencia del ser histórico alcanza esa significación trascendental que sólo comparte con la especulación filosófica, pero esta significación para la vida, esta proximidad de la conciencia activa incide sobre su objetividad y mantiene en constante peligro su presunto rigor: la gloria y la tragedia de la actitud histórica reside en esta necesaria ejercitación bifronte del espíritu".

La historicidad del pensamiento histórico

En la medida en que la historia es –quiérase o no– historia viva, y en la medida en que recibe –voluntaria o involuntariamente– la corriente de la vida que circunda al historiador, el conocimiento histórico adquiere una dimensión peculiar: la historicidad. Así como la vida que el historiador suscita y como la vida que el historiador vive, el conocimiento histórico sufre cierta transformación en sus principios directores y en sus esquemas fundamentales. Si nada hay inmutable en la vida, difícil sería que lo hubiera en el conocimiento histórico, que está tan estrechamente unido a ella. Porque obsérvese que ningún otro género de conocimiento está tan próximo a la vida como el conocimiento histórico. Y si es posible advertir cierto matiz de historicidad en el campo del conocimiento científico natural, no puede extrañar que se lo descubra en más sensible grado en el campo del conocimiento histórico, en el que la posibilidad de hallar un estrato en el que pueda asentarse firmemente la objetividad del conocimiento es mucho más remota y difícil.

A nadie se le ocurriría, ciertamente, leer los *Principios* de Newton o los *Diálogos* de Galileo a la luz del conocimiento de la física contemporánea y reprochándoles la ignorancia de lo que sólo pudo ser conocido después de puestos esos mojones o los puntos de vista propios de la etapa cognoscitiva a que corresponden. Lo mismo ocurriría con Linneo o con Lamarck. Y sin embargo, el estrato en el que podía asentarse la objetividad era mucho más accesible y seguro para cualquiera de ellos que para un Tucídides –ejemplo de voluntad de objetividad– o un Gibbon.

Frente al desarrollo histórico de su propia época o aun de una época lejana, el historiador se encuentra con obstáculos casi insuperables para alcanzar una actitud totalmente objetiva. Por una parte se le oponen los obstáculos instrumentales, pues no todos los datos necesarios se hallan a su alcance por mil circunstancias fortuitas, y entre otras por la propia voluntad de los sujetos históricos de proporcionar deliberadamente, a través de los vestigios que pueden perdurar, una cierta fisonomía de las cosas; y en tales condiciones constituye un arduo problema sortear las dificultades y determinar con exactitud la veracidad de los testimonios. Pero, por otra parte, es casi imposible que el historiador adopte —aun queriéndolo— una actitud absolutamente objetiva y fría frente a un material cognoscitivo que no alude a realidades inertes sino a una particular realidad que no por extinguida deja de contener potencialmente el tempestuoso aliento de la vida. ¿Podríase ser objetivo, absolutamente objetivo, con respecto a la conducta de Alcibiades frente a Atenas? Acaso el historiador pueda esforzase por lograrlo, pero aun en ese caso será preciso descontar no sólo la intención de quien trata de revelar los secretos de esa conducta, sino también las opiniones sumergidas en el ánimo de quien la examina, susceptibles de ser elevadas involuntariamente por él hasta la categoría de verdades indiscutibles. Por lo demás, toda la historia del mundo occidental revela tal homogeneidad y continuidad que se observa el retorno de ideas semejantes y de semejantes actitudes. Y a quien defienda la libertad, le parecerá repugnante la figura de Calígula aunque escriba en el siglo XIX, como a quien defienda el realismo político le resultará absurda la de Solón.

Esta característica del conocimiento histórico —su acentuada historicidad— es compartida, en general, por todas las formas del saber que se vinculan con la cultura. Pese a que es evidente su necesidad, es lícito tratar de deslindar en el conocimiento histórico un área en la cual la tendencia hacia la objetividad debe acentuarse cuanto se pueda: es la etapa de la búsqueda y de la crítica del dato, que por ser previa a la interpretación, debe caracterizarse eminentemente por su rigor objetivo. Acaso en la siguiente etapa de la interpretación deba postularse también el máximo posible de objetividad; pero debe reconocerse que esa objetividad es siempre difícil de alcanzar o acaso inaccesible, y por eso es quizás una regla más saludable el tomar conciencia de la dirección que se imprime a la interpretación, para que de ese modo, ejercida una crítica vigilante sobre el punto de vista, sea posible alcanzar una objetividad de fondo, más profunda que la pretendida de quienes creen desprenderse totalmente de sus prejuicios y, en realidad, se sumergen en otros acerca de los cuales se vedan la libre crítica.

De esta manera el saber histórico reconoce una peculiaridad —no una *capitis diminutio*—, frente a la cual es torpeza cegarse. Eso es lo que han hecho, sin embargo, las ciencias históricas durante el siglo XIX, obsesionadas por el ejemplo de la ciencia natural y como avergonzadas de su insuficiencia frente a los ideales científicos de la época. En vez de reconocer esa peculiaridad y tratar de tomar conciencia de ella para prevenir los excesos que pudiera provocar, la negaron categóricamente y sostuvieron la posibilidad de hallar una verdad histórica absolutamente objetiva con los solos recursos que parecía ofrecer un método considerablemente perfeccionado. Narrar los hechos "tal como habían ocurrido" parecía ser la misión –fácil y difícil a un tiempo– de las ciencias históricas, de la que se suponía que podía ser cumplida con sólo acudir a las fuentes munido de los instrumentos críticos. Y sin embargo, una larga experiencia demostraba que esa peculiaridad del conocimiento histórico –en la que debe insistirse porque determina su historicidad– radicaba en su esencia misma.

Dos especies de crítica debían afrontar principalmente las ciencias históricas del siglo XIX. Por una parte, la categórica negación que había formulado la filosofía del siglo XVII acerca de la validez del conocimiento histórico, siguiendo las huellas del cartesianismo, de acuerdo con el cual "ninguna ciencia de hechos puede ser comparada en cuanto a valor con el conocimiento claro y distinto de la lógica, de la matemática pura y de las ciencias exactas naturales" (Cassirer). Esta posición dejaba a la historia fuera del camino real de las ciencias e implicaba el relativismo de la verdad histórica. Por otra parte, el escepticismo histórico representado por Bayle y luego en el siglo XVIII por Voltaire, quienes retomaban la línea de los antiguos, entrañaba también una enérgica descategorización de la validez universal del saber histórico en cuanto ponía al descubierto la limitada confianza que merecían las fuentes de que se alimentaba. Tan exageradas como parecieran estas críticas a los historiadores del siglo XIX, estaban sin duda alguna dentro de los carriles del pensamiento racionalista y eran imbatibles en ese terreno mientras subsistieran los esquemas fundamentales del concepto de ciencia que el racionalismo sustentaba.

Desde cierto punto de vista, esta caracterización del saber histórico debida al racionalismo dejaba como saldo favorable la afirmación de cierta estrecha relación de la historia con la vida y sus contingencias, que preparaba indirectamente el camino para el reconocimiento explícito de la historicidad del saber histórico. Pero desde otro punto de vista, negaba toda posibilidad de que el saber histórico alcanzara categoría de ciencia pese a la virtualidad de tal que residía en él como probó luego el siglo XIX. Y como consecuencia, en actitud beligerante contra aquella corriente del pensamiento, se sucedieron dos etapas decisivas en la aclaración del planteo gnoseológico del saber histórico.

En la primera, las ciencias históricas trabajaron ahincadamente por su perfeccionamiento en sentido "científico", esto es, de acuerdo con los esquemas de la ciencia natural. Para ello era necesario, en primer término demostrar la posibilidad de alcanzar un conocimiento objetivo y seguro, y, en segundo lugar, demostrar la validez universal de sus esquemas interpretativos bajo la forma de leyes; en tal sentido se orientaron los esfuerzos de las ciencias históricas, tratando de establecer los más estrictos métodos críticos e interpretativos, dirección que por lo demás implicaba un intento de superación de la historicidad del saber histórico.

Pero en una segunda etapa, el pensamiento filosófico realizó la más importante tarea que requerían las ciencias históricas, esto es, la delimitación de su fisonomía gnoseológica. Por obra de Windelband, de Rickert, y luego de Dilthey, se definió la peculiaridad interna del saber de lo cultural –o de lo espiritual– en contraste con el saber de lo natural, afirmando en la primera de esas áreas la significación eminente de lo individual. A partir de ese momento quedó establecida una inequívoca discriminación entre la etapa heurística y la etapa hermenéutica, exigiéndose para la primera una objetividad rigurosa y admitiéndose para la segunda cierto condicionamiento en relación con el desarrollo histórico.

En efecto, lo que el nuevo planteo de las ciencias históricas agrega como fundamental en ese dominio del saber es la presencia de una concepción de la vida histórica, que por depender de la concepción predominante del mundo y de la vida entraña la radical historicidad de aquélla.

Una concepción de la vida histórica –una concepción historiográfica– es un sistema interpretativo de la realidad extinguida, mediante la cual se afirman ciertos valores que configuran un criterio selectivo. De ese modo, ciertos elementos de aquella realidad quedan establecidos como fundamentales dentro de la concepción intelectual que la suscita, en tanto que otros se subestiman o simplemente se omiten. Este proceso intelectivo se explica por la radical complejidad de la vida histórica –inasible en su totalidad por el espíritu– y supone la posibilidad de que coexistan varias interpretaciones igualmente posibles y legítimas, como lo ha señalado Raymond Áron en su *Introduction a la philosophie de l'histoire*, todas ellas provenientes de diversas concepciones historiográficas. Acaso la reiterada elaboración del análisis conduzca a un progresivo acercamiento de las diversas concepciones y de las interpretaciones que se derivan de ellas, porque con frecuencia suele reducirse poco a poco la significación de ciertos elementos circunstanciales que parecen darle a aquéllas una aparente hostilidad recíproca. Esa es la labor de la reflexión histórica, en la medida en que puede y debe marchar hacia una cierta objetividad. Pero entretanto, es necesario acostumbrarse a pensar que, analizado en su conjunto, el caudal de pensamiento que ofrecen las ciencias históricas nos revela una sucesión –que es yuxtaposición a veces– de concepciones historiográficas relacionadas estrechamente con la concepción general del mundo y la vida de que participa el historiador.

Ahora bien, esos supuestos del historiador no residen exclusivamente en él. Tan poderosa como pueda ser su personalidad, su propia concepción del mundo y la vida, aquella de la que depende su concepción historiográfica, se inscribe en general dentro de los sólidos cuadros de su cultura y de su tiempo, y refleja, además, una determinada situación social y espiritual, sobre todo en las épocas de crisis o en aquellas del tipo de las que Comte llamaba negativas. Es en ellas, precisamente, en las que me parece ver una más exaltada vigilia y acaso las circunstancias más propicias para el despertar de la conciencia histórica, justamente porque la disgregación de una concepción de la vida y los dramáticos episodios de la creación de otra que la reemplace fuerzan a una consciente selección. Y ya se ha dicho que toda actitud histórica legítima es, sobre todo, conciencia de la vida.

Debe advertirse que el primado de una concepción de la vida dentro de cierto ámbito cultural y en una cierta época es compatible con la presencia de otras concepciones subsidiarias, derivadas algunas veces de la predominante, o derivadas de otras que se mantienen por la fuerza de perduración que revelan ciertas ideas y sentimientos, aun cuando se observe que su vigencia ha comentado a declinar. Precisamente eso es lo que ocurre con frecuencia, de modo que coexisten diversas concepciones secundarias alrededor de la predominante. Y es imprescindible, para lograr una idea clara del desarrollo del pensamiento histórico, no limitarse a perseguir la línea de las sucesivas condiciones predominantes, sino, por el contrario, detenerse en cada etapa a considerar también las secundarias y, sobre todo, el juego de las relaciones e influencias entre las diversas concepciones yuxtapuestas.

La obra histórica y sus caracteres

Considerada en su singularidad, una obra histórica constituye una especie de microcosmos, en el que es posible estudiar muy diversos aspectos. Si dentro de un cuadro del desarrollo universal del pensamiento histórico ha de ser considerada especialmente en cuanto representa un eslabón en la cadena de ese desarrollo y una expresión de su ámbito social y espiritual, es importante tener presente que puede ser al mismo tiempo considerada de otras muchas maneras y que, aun desde aquel punto de vista, es fundamental no olvidar esos otros aspectos.

Piénsese en Heródoto, en Tácito, en Gregorio de Tours, en Giovanni Villani, en Guicciardini, en Gibbon, en Michelet, en Mommsen, en Huizinga. Cualquiera de sus obras es de por sí todo un mundo de pensamiento. Si para el análisis historiográfico ha de buscarse en ellas principalmente la concepción de la vida histórica que revelan, es necesario y posible, además, tener presente que bien puede ocurrir que no sean resultado directo y preciso de una concepción pura, sino acaso el fruto de una variante personal o quizás de una sutil y original combinación de varias. No siempre tiene un historiador una posición teórica conscientemente tomada y sostenida; y si aun teniéndola puede evadirse circunstancialmente de ella, no puede extrañar que al no tenerla se abra el historiador a toda suerte de sugestiones que provengan de su contorno o de las reminiscencias de su cultura. Hay, en efecto, obras históricas que han sido concebidas al socaire de una determinada concepción, y aun con una intención militante, en tanto que otras la expresan ingenua y circunstancialmente, sólo en la medida en que esa concepción rodea al historiador y lo satura hasta hacer que la traduzca sin proponérselo.

Fuera de esta peculiaridad la obra histórica presenta otras no menos significativas, según el tipo historiográfico a que se ajuste. Considerada desde el punto de vista de los sujetos históricos, la obra puede girar indistintamente alrededor de una colectividad, un individuo o la humanidad en su conjunto. Si se la considera desde el punto de vista de las áreas temporales, puede moverse dentro de una época, o tomar un proceso singular, o tratar de captar la totalidad del desarrollo humano. Si se toman en cuenta las manifestaciones de la actividad histórica, puede atender simplemente a la sucesión de los hechos políticos y sociales, o reflejar un determinado proceso espiritual, o tratar de abarcar la totalidad de la actividad histórica. Y si se parte de los nexos del acontecer histórico, puede presentarse como una mera crónica –que no se preocupa por establecerlos–, o como una demostración de la presencia de una causa única y determinante, o como el resultado de una multitud de factores cuya singularidad quiere indagar el historiador.

En cualquiera de estos tipos –o de otros secundarios– en que se inserte la obra histórica, se acusa una concepción historiográfica, ya sea en su forma pura, ya sea en formas mixtas. Pero aun después de haber determinado estas características no estamos al cabo de su análisis. Porque queda luego un vasto sector de la obra histórica que no depende sino de la intransferible personalidad del historiador. Más o menos genial, más o menos profundo, puede éste escapar en cierto sentido de todo compromiso doctrinario previamente dado e iluminar con su propia luz un área respecto a la cual revela determinadas afinidades personales poniendo en ello aptitudes que son también irreductibles a lo que no sea su propia personalidad. Hay, además, una última circunstancia que no debe olvidarse: el pasado histórico se suscita en el espíritu del historiador pero retorna bajo una forma literaria. También aquí el historiador agrega o sustrae inevitablemente ciertas calidades según su genio. Si el ideal es que la capacidad expresiva del historiador vivifique el relato sin modificar en un ápice el alcance de su pensamiento críticamente establecido, no puede negarse que unas veces esa capacidad evocativa conspira contra la exactitud y otras acrecienta injustificadamente el crédito que debe concedérsele a un historiador. Pero, en todo caso, esta consideración es accesoria y sólo tangencialmente interesa a la historia de la historiografía.

En rigor, los aspectos que deben tomarse en cuenta para un estricto análisis historiográfico de una obra histórica son fundamentalmente tres. Repitamos aquí que lo fundamental es examinar en ella su concepción; de la vida histórica, piedra angular de toda la obra, porque su debilidad amenaza a todo el edificio de inminente derrumbe. Esta indagación, tan imprescindible como ardua, es la única que puede proporcionar un dato seguro acerca de la posición y el alcance de una obra histórica, así como de la alcurnia del historiador. Sólo un segundo aspecto es comparable a éste en jerarquía: la capacidad que revele para la comprensión de lo individual histórico. Quien tiende a la generalización, sea por tendencia natural de su *forma mentis* o por la fuerza de una cierta doctrina, no es esencialmente historiador sino otra cosa –de mayor o menor valor, poco importa– y actúa como historiador sólo por accidente. Por el contrario, quien tiene una actitud esencialmente histórica, aunque se oriente o llegue circunstancialmente hacia la generalización, pondrá los acentos sobre la pesquisa de lo individual, de lo que se ha dado una vez dentro de ciertas circunstancias de tiempo y de lugar y es absolutamente irreversible. Ahondar en ello y descubrir toda su singular e intransferible significación hasta incorporarlo con sentido dentro de un proceso continuo y coherente que llegue hasta la propia experiencia inmediata del historiador, es lo esencial de una actitud histórica y mide la calidad del historiador.

Después de estos dos aspectos fundamentales deberán juzgarse los contenidos de erudición y los instrumentos metodológicos, siempre en función del ambiente intelectual que rodea al historiador. En la medida en que la ciencia histórica tiene en la objetividad uno de sus polos, la erudición constituye el camino real para la obtención de materiales seguros.

Otros aspectos que suelen tenerse en cuenta, fuera de esos tres, y que es frecuente encontrar en los análisis de la personalidad de un historiador, suelen corresponder a la misma persona pero no al historiador como tal; desde otros puntos de vista, en efecto, se lo considera a menudo como filósofo o como artista, que son las dos posibilidades antitéticas que parecen más próximas al tipo del historiador por cada uno de sus dos extremos. Pero las ciencias históricas tienen un tema que les es propio, y exigen un enfoque peculiar, de modo que aunque el que se ocupe de ellas se ocupe también de otras cosas, es prudente juzgar la obra del historiador solamente en función de las características que acuse en tal terreno. Así ha comenzado a hacerlo la historia de la historiografía en los últimos cincuenta años, y así es menester seguir haciéndolo para que adquiera un preciso perfil esta disciplina tan aleccionadora.

❧ CAPÍTULO PRIMERO ❧

La imagen del pasado entre los griegos antes de Heródoto

Si Heródoto ha podido ser llamado el "padre de la historia" es, sobre todo, porque ha realizado en ese terreno el primer experimento en el sentido que luego será típico del mundo occidental. Con mayores o con menores variantes, con nuevos enfoques y con diversos puntos de vista, el planteo de los problemas que suscita la reconstrucción del pasado presenta, en el pensamiento de Heródoto, los caracteres y la fisonomía de lo que serán luego, en ese ámbito cultural, las ciencias históricas. Pero es necesario tener presente que algo adolece esa apreciación de simplismo. La actitud histórica no ha aparecido con Heródoto, y no solo los pueblos orientales sino también el mundo griego antes de él han conocido una viva preocupación por el pasado, lo han percibido de cierta manera, y han ordenado los conocimientos que sobre él tenían de algún modo. Más aun, en el mundo griego anterior a Heródoto aparece ya una imagen del pasado que prefigura vagamente la que hallamos en él, aunque debamos reconocer que él la desarrolla y la provee de forma definida y precisa.

Ese legado proviene de un ámbito geográfico y cultural bien delimitado: aquel al que llegaron como conquistadoras las diversas oleadas de pueblos indoeuropeos que venían del norte y alcanzaban el mar Egeo en el curso del segundo milenio antes de Cristo. Allí se superpusieron a las poblaciones sometidas en su mayor parte a la hegemonía cretense y configuraron ese mundo peculiar que comprende la Grecia propia, las islas y las costas europeas y asiáticas del mar Egeo. Ese ámbito se extendió en la época de la colonización hasta alcanzar el mar Negro, Sicilia y la Magna Grecia, en una época en que los conquistadores, unidos a los conquistados, habían elaborado una concepción de la vida de fisonomía característica.

Porque lo peculiar del mundo griego es que acusa un perfil inequívoco, dibujado por el sistema de ideales de vida y de cultura que elaboraron los conquistadores para la comunidad que constituían en unión de los conquistados, y en la que ellos formaban la aristocracia. Nos engañaríamos, pues, si supusiéramos que gozaba de plena vigencia y que correspondía al sentimiento unánime. Este sistema de ideales de vida y de cultura –que es el que reflejan predominantemente los poemas homéricos– era un sistema aristocrático, elaborado y sostenido por las minorías conquistadoras, en defensa de sus propias tradiciones y en beligerante oposición con las múltiples tradiciones de las poblaciones sometidas, cuyos ideales eran otros. El sistema de los ideales aristocráticos correspondía a un pueblo hasta poco antes nómade, adherido a una cultura eminentemente ganadera y orientado luego hacia la actividad marítima y en parte a la explotación del suelo, dentro de los marcos de una organización gentilicia. Es el sistema que refleja la maravillosa descripción del escudo de Aquiles en el canto XVIII de la *Ilíada*, en la que ya se advierten, sin embargo, los primeros signos de la hibridación que comenzó a operarse en él.

En efecto, el sistema un poco primitivo de los ideales aristocráticos fue tocado desde el principio por las influencias de la cultura micénica, y aun así quedó todavía superpuesto sobre múltiples influencias no bien organizadas pero activamente vividas por la población sometida. Esas influencias eran las de origen egeo-oriental, que perdurarán en múltiples formas de la vida griega y se harán patentes en los cultos órficos y en otras creencias populares. Desde ese fondo oscuro surgirán poco a poco acusadas influencias que incidirán sobre el sistema de los ideales aristocráticos hasta hibridarlos en varias y diversas combinaciones; esas combinaciones coexistirán durante cierto tiempo y solo se adquirirá claro sentido de su radical diversidad en el siglo VI, cuando la oposición entre el mundo griego y el mundo oriental contribuya a proyectar el antiguo sistema de ideales aristocráticos en ideales específicamente griegos, dejando de lado las influencias tradicionales egeo-orientales por extrañas y bárbaras.

Esas minorías aristocráticas, al mismo tiempo que imponían sus ideales de vida y de cultura, acentuaban y afirmaban su perfil delineando su propia imagen del pasado mediante un esquema del que quedaba apartada toda la tradición egeo-oriental mientras, en cambio, se afirmaban denodadamente todos los contenidos, tan imprecisos como fueran, de la tradición indoeuropea de los pueblos nómades conquistadores. El presente del mundo griego debía entroncar con el pasado de los Heráclidas y llegar por esa vía hasta el remoto tiempo a que aludían sus más viejos mitos cosmológicos. Así se explica que desaparecieran del recuerdo de los griegos en la época clásica todos los rastros de la luminosa cultura cretomicénica, de la que apenas quedará alguna vaga reminiscencia en los poemas homéricos. Multitud de leyendas, en cambio, se refieren a las hazañas de los conquistadores, con las que apenas se entremezclan algunos rasgos de otras que guardan el recuerdo, aunque desfigurado, de las remotas vinculaciones entre el mundo griego y el mundo oriental.

Esas leyendas, y su vigorosa supervivencia, representan el esfuerzo de las aristocracias conquistadoras por forjarse un pasado que juzgaban digno, y corresponden, en consecuencia, a su actitud histórica, movida por una deliberada toma de posición frente al presente. Como tipo de actitud histórica, caracteriza a esas leyendas –como a otras– la acentuada esquematización a que han sido sometidos los diversos procesos históricos, que no han dejado en el recuerdo sino las líneas que expresaban mejor cierta intención, omitiendo circunstancias y peculiaridades. Se observa, por ejemplo, una reducción de largos y complejos procesos históricos a simples episodios, mediante una simplificación elementalísima de las causas remotas y de las inmediatas, y un desarrollo y desenlace igualmente simples: un conflicto entre vastos grupos sociales provocado por razones económicas y políticas, por ejemplo, se traduce en una querella entre príncipes, susceptible de resolverse en un breve y dramático episodio. Uno de los rasgos de la leyenda es, precisamente, la reducción de lo colectivo a lo singular, de modo que, frente a lo singular, es necesario indagar cuáles son los elementos histórico-sociales que han sido reducidos a esa expresión. En el caso particular de la leyenda griega es visible, además, la marcada tendencia a reducir los plazos temporales, pues el acentuado antropomorfismo que preside la esquematización del pasado mueve a ajustar los esquemas de tiempo de modo que el desarrollo histórico quede encerrado dentro de los límites de la aventura individual.

Si dejamos de lado los grandes mitos reveladores de tradiciones seculares, como el de Heracles, el de Prometeo o el que compone el núcleo de la *Orestíada* –todos ellos saturados de elementos históricos– podemos fijar la atención en el valor que poseen las principales leyendas en cuanto esquema de lejanos procesos históricos. En primer lugar, nos encontramos con las leyendas de los héroes fundadores. Se advierte nítidamente en ellas la persistencia del recuerdo de la acción de ciertos agentes culturales cuya fuerza ha bastado para quebrar la dirección excluyente del sistema de ideales propio de las minorías conquistadoras, introduciendo un elemento de hibridación. Los egipcios Cécrops y Dánao en Atenas y en Argos, así como el fenicio Cadmo en Tebas, son héroes fundadores de ciudades en cuya aventura personal se esconde un vago –y para nosotros incierto– episodio de afluencia de elementos mediterráneos sobre zonas de influencia primordialmente indoeuropea.

Distinto significado tienen las leyendas de los héroes libertadores: la de Edipo en Tebas o la de Perseo en Argos. Entre todas ellas adquiere singular relieve la de Teseo, de Atenas, por la correspondencia entre los datos que encierra y los que nos ha proporcionado la arqueología del proceso a que alude. En las peripecias del héroe libertador se resumen la anterior situación de dependencia de Atenas, y la explicación suficiente de sus causas para satisfacer el orgullo de la colectividad, así como también el proceso de liberación mediante la acción eminente del héroe, en el que se personaliza un proceso colectivo.

No es tarea fácil establecer el valor histórico de las distintas leyendas. Fuera de que el proceso de esquematización empobrece la realidad y suprime todo el conjunto de las circunstancias estrictamente históricas, la leyenda está atraída también por ciertos sistemas de pensamiento que le imprimen una fisonomía uniforme para transformarlas en ejemplos de conducta y puntos de partida frente a situaciones reales. La leyenda revela precisamente que proviene de una actitud histórica en estrecha dependencia del presente, desde el cual se ordenan sus contenidos y se jerarquizan sus valores; y por la simultánea ausencia de sentido crítico se entremezclan en ella innumerables datos contemporáneos que hibridan los materiales históricos y restan a la leyenda valor como testimonio, pues solo a través de una severa exégesis puede devolvernos lo que han sumido en un vasto complejo de realidad y fantasía, conducido por un interés inmediato.

El vasto caudal de las leyendas fue recogido en buena parte por Homero y Hesíodo, y acaso conoceríamos mejor el proceso de formación del espíritu griego si poseyéramos algo más que "migajas del banquete homérico". Pero aun con lo que poseemos nos es dado no sólo admirar el vuelo poético de los aedas, sino también comprender el esfuerzo más o menos irreflexivo que realizaron los griegos de la época preclásica para precisar la significación de su pasado y ordenar su existencia histórica siguiendo una línea de desarrollo coherente.

Porque si Homero y Hesíodo recogen el vasto caudal legendario, seleccionan sin duda en función de los intereses vivos que son propios de su círculo cultural. Hoy conocemos la continuidad de las civilizaciones egea, micénica y griega y los aportes de las dos primeras a la última. Lo que ha sido ignorado durante tantos siglos, seguramente no fue ignorado del todo por los aedas de la época homérica, pues no faltan en las rapsodias de ese ciclo las alusiones a Creta "con sus cien ciudades", ni a sus peculiaridades, al tiempo que abundan las referencias al período micénico, uno de los ámbitos culturales del período homérico. Y, sin embargo, descubrimos algo que ha parecido ignorancia y que acaso más bien sea solamente desdén por el mundo cretomicénico, proveniente del deliberado propósito de omitir ese pasado —por cierto ya inerte a comienzos del primer milenio— para exaltar la relación del presente con la vigorosa tradición de los conquistadores, portadores de ese sistema de ideales aristocráticos que se forja por entonces, poseedores de la tierra y de la gloria, aquellos cuyo vago pasado apenas se recordaba sucintamente en los cantos de los aedas, llenos de imprecisión y de grandeza.

Homero y Hesíodo suman a ese pasado remoto que aceptan como indudable una imagen bastante más precisa del pasado inmediato: de las guerras por la posesión de los estrechos y las tierras vecinas ocasionadas por las sucesivas migraciones que quedaron reflejadas, esquemáticamente, en el vasto drama de la guerra de Troya, y de las sucesivas adaptaciones de diversos grupos sociales a distintos ámbitos geográficos en una y otra orilla del Egeo con las consiguientes conmociones sociales provocadas por el desarrollo económico de las nuevas formaciones políticas. Todo eso lo conocen muy bien y lo expresan bajo forma poética y según cierta peculiar manera intelectual que, por lo demás, había de caracterizar en cierta medida el pensamiento posterior de los griegos. Porque en los viejos poetas de la época homérica se advierte ya la aptitud y la tendencia a abandonar lo muy circunstancial para elevarse hasta las grandes generalizaciones que fueron peculiares del genio helénico.

Homero y Hesíodo nos introducen ya en el mundo de lo universal, en un mundo que busca ordenarse y presentarse inscripto en claros esquemas en los que predomine el orden, sin esa confusión que emana del exceso de detalles o de la ausencia de principios ordenadores. La imagen de un orden universal se esboza en Homero, en sus claros cuadros del Olimpo, de las ciudades, de las ideas y los sentimientos. La familia olímpica y la vida griega, tal como se representan en el escudo de Aquiles, adquieren la misma tonalidad precisa y ajustada que se observa en el sistema de ideas propio de Néstor, de Ulises, de Agamenón o de Penélope. Y esa aspiración a la universalidad y al orden –que pone de manifiesto Hesíodo cuando se esfuerza en ordenar el material legendario en la Teogonía– se proyecta luego hacia la imagen del pasado en esa deliciosa y clara descripción que constituye el cuadro de las Edades: "De oro fue la primera raza de hombres perecederos que crearon los inmortales, habitantes del Olimpo. Era en tiempos de Cronos, cuando todavía reinaba en el cielo. Vivían como los dioses, el corazón libre de cuidados, al margen y al abrigo de las penas y las miserias: no pesaba sobre ellos la vejez miserable; sino que, siempre jóvenes los brazos y las corvas, participaban en los festines, lejos de todos los males. Cuando morían, parecían sucumbir al sueño. Todos los bienes les pertenecían: el suelo fecundo producía por sí mismo una abundante y generosa cosecha, y ellos, contentos y tranquilos, vivían de sus campos, en medio de bienes sin número. Después que el suelo cubrió a los de esta raza, son ellos por voluntad de Zeus los genios buenos de la Tierra, guardianes de los mortales y dispensadores de la riqueza: y el honor real les fue conferido. Después una raza muy inferior, una raza de plata, fue creada más tarde por los habitantes del Olimpo..."[1].

A la raza de los héroes pertenece la historia que cuentan los poemas homéricos, pero ya se insinúa en ella la dura edad del hierro, en la que vive Hesíodo y cuyo perfil refleja su poema. El pasado es feliz a sus ojos, durante la época de los héroes de Troya, "donde la guerra los había conducido sobre los navíos a causa de Helena, la de los hermosos cabellos, y donde los envolvió la muerte que todo lo acaba"[2]. La voluntad de los dioses mueve a los hombres, a quienes infunde valor o ciegos temores, pasiones impetuosas y razonamientos clarividentes. Pero tras esta imagen del hombre que se advierte en los poemas homéricos, se adivina ya corpóreo y vigoroso el hombre de carne y hueso, el Ulises "fértil en recursos", el Néstor prudente y el imprudente Tersites. La historia comienza a ser cosa de hombres, aunque sobre ellos se advierta una potestad superior, y esos hombres viven de una manera semejante aunque más perfecta que la de los que rodeaban al aeda o al rapsoda. El héroe preanuncia al hombre y sólo lo separa de él una imponderable perfección de grado.

Este héroe homérico, casi humano, está concebido para vivir en sociedad, dentro de una comunidad de semejantes, en la que el mejor dotado quiere sobresalir como Héctor quería que sobresaliera su hijo: "¡Zeus y demás dioses! Concededme que este hijo mío sea, como yo, ilustre entre los teucros y muy esforzado; que reine poderosamente en Ilión; que digan de él cuando vuelva de la batalla: ¡Es mucho más valiente que su padre!; y que, cargado de cruentos despojos del enemigo

---

1.   Hesíodo, *Trabajos y días*, v. 109 y ss.

2.   Id., v. 159-160.

a quien haya muerto, regocije el alma de su madre"[3]. Porque la gloria es su aspiración suprema, y sólo se consigue mediante el ejercicio de las armas o el ejercicio del poder. La vida histórica está ya puesta, pues, sobre el mismo plano de lo político en que la situarán, ya en la edad del hierro, Heródoto o Tucídides; y el Temístocles del historiador de las guerras del Peloponeso recordará alguna vez a Ulises, como Leónidas recordará en Heródoto a Héctor. Las asambleas "donde los varones cobran fama" o el campo de batalla son los escenarios donde Homero desarrolla la historia, y en esos mismos escenarios la situarán de Heródoto a Polibio todos los historiadores griegos. Porque la vida en las ciudades y el ejercicio de la personalidad en relación con los semejantes parece ser para los aedas tanto como para los historiadores la condición inexcusable de la civilización, y no es éste, sin duda, el único rasgo que los une: si analizamos lo que motiva las acciones de los héroes y de los hombres y observamos cuidadosamente los dioses homéricos, sometidos a su vez inexorablemente a la ley, descubriremos que el naturalismo que tan paladinamente está expresado luego en un Polibio se constituye poco a poco a través de todo el desarrollo del pensamiento histórico desde la época de los viejos aedas.

---

3.   Ilíada, VI, v 476 y ss.

❧ CAPÍTULO SEGUNDO ❧

El despertar de la conciencia histórica en Grecia

La leyenda revela, sin duda alguna, una actitud histórica, un afán de conocer el pasado, de conectar con él el presente y de obtener de él alguna luz acerca del problema de la conducta. Pero no porque revele una actitud histórica es ya historia en el sentido que la palabra irá tomando poco a poco hasta adquirir una significación precisa. El tránsito hacia la historia en sentido estricto comienza entre los griegos muy pronto, casi ante los ojos de Hesíodo, que cobra conciencia de vivir en una edad que anuncia otra aun más dura, en la que "el único derecho será la fuerza y no existirá más la conciencia"[1]. Ya no caben, pues, ilusiones. El mundo de los héroes ha dejado paso al mundo de los hombres, y el espíritu crítico morderá en la cesura que se descubre entre uno y otro, poniendo al descubierto la fantasía que anidaba en la vieja leyenda.

Muy pronto se descubrirá otra manera de enfocar el enigma del pasado. A la primera insatisfacción frente al bagaje legendario, a la primera dificultad para explicar el presente según aquel esquema de lo pretérito, comenzará a delinearse —en el siglo VI a.C.— otra actitud cognoscitiva. Hecateo, de Mileto, la formulará expresivamente al declarar: "Escribo lo que creo ser verdad; porque las historias de los griegos son diversas y me parecen ridículas". De esa actitud, que supone un inusitado espíritu crítico, nacerá la historia.

---

1. HESÍODO, *Trabajos y días*, v. 192-3.

La historia, empero, debía anunciarse con diversos y entremezclados rasgos. Ante todo, nacerá como investigación, como búsqueda de los hechos, como empeñosa dilucidación de la verdad según los criterios al alcance; pero nacerá también como relato en prosa ordenado por un "logógrafo". En todo esto se unen varias novedades. El afán inquisitivo revela una actitud opuesta a la tradicional de aceptar sin dudas los datos legendarios, aun cuando se contradijeran entre sí –como ya había observado Hesíodo, que se propuso ordenar la teogonía– o revelaran una concepción insostenible. A su vez, la utilización de la prosa demuestra el designio de ajustar la expresión a la variabilidad del relato, con los *ex-cursus* y demostraciones que fueran necesarios, y sin que se coartara la libertad de la exposición por las exigencias poéticas. Pero hay más; el logógrafo es ya un historiador individualizado, que no se limita a repetir un caudal anónimo y colectivo de conocimientos –aunque el aeda o aun el rapsoda solieran agregar algo por su cuenta–, sino que comienza a indagar personalmente los datos, a someterlos a comprobación, y procura ordenarlos luego según su propia concepción del proceso histórico. Se asiste, pues, en este prodigioso siglo VI al descubrimiento, tan impreciso como se quiera, de una nueva y promisoria dirección en el conocimiento de la realidad humana.

El logógrafo ha descubierto, en efecto, que hay que indagar los datos, someterlos a alguna suerte de comprobación y ordenarlos dentro de un esquema proporcionado por cierta interpretación de la realidad. Advirtamos que no siempre procede en consecuencia, y que se necesitarán varios siglos para que ese planteo cognoscitivo, aparentemente tan sencillo, consiga ajustarse a ciertas categorías mentales, de las que dependerán los resultados satisfactorios. Pero el pensamiento histórico occidental empieza con ellos precisamente porque han entrevisto esos diversos pasos y la necesidad de su sucesión. Y no sólo empieza con ellos por eso, sino también porque han entrevisto –con la misma vaguedad, naturalmente– que la historia es cosa de hombres, que sus contenidos son humanos y que es menester encontrar para lo que ocurre en ella explicaciones estrictamente humanas. Naturalmente no pudieron los logógrafos desprenderse totalmente de cierta predisposición a descubrir la intervención de fuerzas extrahumanas en el curso de la vida histórica –como le ocurría al aeda homérico–, y aun el propio Heródoto revelará esa tendencia. Pero hay más de tradición que de arraigada concepción de la vida. El criticismo que despierta por entonces comienza a discriminar entre lo humano y lo divino, e insinúa la tendencia a radicar los móviles de la conducta histórica dentro de un área estrictamente humana y a explicarlos según un criterio general que preanuncia el naturalismo. La línea de pensamiento histórico que va de Heródoto a Polibio comienza a dibujarse vagamente a través del que elaboran los logógrafos para afirmar definitivamente su trazo con el historiador de las guerras médicas.

Toda esta mutación es, sin duda, profunda, y aunque no podemos ahondar en sus enigmas por falta de testimonios –pues son pocos los fragmentos que se conservan de los logógrafos– es lícito deducir su significación a la luz de las consecuencias que provocó. No es poco decir que de ella nacieron Heródoto y Tucídides, inaugurando una línea de pensamiento coherente que conduce hasta Polibio. No pudo, pues, ocurrir sino en circunstancias peculiares, que es necesario precisar, para poder establecer su contorno e inferir algo de sus contenidos. Es patente que la aparición de esta nueva actitud histórica corresponde a una mutación de la realidad y a cierta necesidad de ajustar la imagen del pasado a esa realidad nueva para fijar las líneas de secuencia que relacionan al pretérito con el presente. A los logógrafos toca reordenar el pasado de la nueva Grecia, que se ha constituido al coincidir dos series de hechos: la transformación económica, social y política que se ha operado en los estados helénicos como consecuencia de la colonización, y la modificación del panorama del mundo egeo operada por el avance del imperio persa.

Obsérvese la significación de estas dos series de hechos. La nueva actitud histórica ha aparecido en el siglo VI, cuando comienzan a cristalizar en formas precisas las conmociones producidas en los tiempos inmediatamente anteriores. Junto a las antiguas aristocracias terratenientes –y frente a ellas– se han constituido ahora otros grupos tanto o más ricos, con la peculiaridad de que las nuevas fortunas provienen de la actividad mercantil y se cuenta en dinero. La clase media –los *mesoi* de que habla Aristóteles en la *Constitución de*

Atenas[2]–, así como algunos grupos de extracción aun más humilde, han buscado en la aventura comercial ultramarina un escape para resolver la situación de dependencia económica que los vinculaba a los terratenientes y un alivio para su miseria actual o inminente; muchos lograron al cabo de un tiempo su objeto y se hallaron poseedores de cuantiosos bienes que parecieron habilitarlos para aspirar al poder con título suficiente. Los nuevos ricos, en efecto, quisieron entonces participar en la dirección del Estado, en parte por el afán de afirmar su ascenso económico-social, pero sobre todo por la necesidad de quebrar el orden jurídico tradicional, para reconstruirlo en un sentido favorable a su clase. Junto a ese fenómeno, aparecieron otras inquietudes sociales y políticas que debían conducir al desencadenamiento de profundas convulsiones, de las que a su vez resultaron las insólitas dictaduras que caracterizan la época: la de Polícrates, en Samos; la de los Ortagóridas, en Sicione; la de los Kipsélidas, en Corinto, o la de los Pisistrátidas, en Atenas.

Estas crisis de las viejas aristocracias, a las que reemplazan nuevos grupos dominadores, exigen una revisión radical de las tradiciones en vigor. Puesto que la leyenda enriquecida y difundida por los aedas y rapsodas locales exaltaba eficazmente la gloria de los antepasados de aquella aristocracia, pareció necesario modificar sus términos e introducir en ella algunas variantes para neutralizar aquel prestigio y, de ser posible, transferir la gloria a los nuevos señores. Ciertamente, algunos frutos empezaban a recogerse de la experiencia histórica, y nuevas nociones comenzaban a generalizarse acerca de la mecánica de los cambios sociales, de la organización de las estructuras de poder y del funcionamiento del espíritu de facción. Piénsese en lo que había aprendido Alceo para inflamar su canto de furor fratricida, y en el bagaje de experiencia que acumulaban los proscriptos de tantas luchas renovadas una y otra vez en todas las ciudades griegas, en las que los grupos rivales lograban y perdían sucesivamente el apoyo de los grupos fraternos de ciudades vecinas. Toda esa experiencia debía modificar en alguna medida la ingenua imagen que del pasado contenían las viejas leyendas, y acentuar el valor de los móviles hu-

---

2.   ARIST., *Constitución de Atenas*, V, 3.

manos que ahora se veían impulsar los procesos históricos contemporáneos: apetito de riqueza, de poder o de gloria.

Pero con ser tan importante esta serie de hechos que modifica la situación real y espiritual de las ciudades griegas en el curso de los siglos VII y VI, no es la única que ha influido en la creación de una nueva actitud histórica. Bajo la inspiración de Ciro, el imperio persa habíase extendido por el Asia menor y, a partir de 546, empezaron a caer bajo el yugo del rey de reyes las ciudades griegas de Asia. De independientes, aquellas florecientes ciudades pasaron a formar parte de una vasta organización autocrática, en la que el antiguo ciudadano se convertía en siervo. La experiencia era dura, pero estimulante. Todo un mundo nuevo se descubría ante los ojos de los espíritus curiosos, y no faltaron los que comenzaron a recorrer con ojos atónitos todo ese insospechado universo que dominaban los Aqueménidas, al que Cambises agregó el Egipto después de 529. Lo que constituía el claro y ligero bagaje de la tradición griega se puso entonces en contacto con la densa y ya confusa tradición milenaria de los pueblos orientales, y merced a ese contacto de culturas se produjo una fértil conmoción interior nacida del cotejo entre una realidad ingenuamente concebida como la realidad por antonomasia y otra multiforme y diversa, reveladora de insospechados meandros del espíritu humano. Fue como si una venda cayera de los ojos, y en la mente griega comenzó a despertar un vigoroso espíritu crítico.

Es notoria la influencia que ejerció este contacto de culturas en el desarrollo de la especulación filosófica. Desprendiéndose de las creencias religiosas y disponiéndose a indagar la verdad por la vía de la observación y la reflexión, la mente griega entrevió nuevos caminos a medida que descubría y contemplaba otros y distintos aspectos de la realidad, y conocía nuevas y diversas nociones sobre las cosas. Espíritu viajero y reflexivo, Tales echó en Mileto las bases de una dirección filosófica renovadora a principios del siglo VI, en la que luego brillarían Anaximandro y Anaxímenes en las postrimerías del siglo, Herálito el Oscuro tejería en Efeso el hilo sinuoso de su pensamiento descubridor del eterno devenir de las cosas; y en el intervalo, la Grecia de Asia dio a luz a Pitágoras, en Sames, y a Jenófanes, en Colofón, cuyo pensamiento se desarrolló en las lejanas tierras de Magna Grecia –en Cretona el primero y en Elea el segundo–, expatriados el uno por la persecución del tirano Polícrates y el otro por los conquistadores persas. Entretanto, este complejo haz de situaciones que motivaba al mismo tiempo tantas y tan enconadas luchas, la expatriación de los hombres dignos, la crisis de las estructuras de poder, la expansión del área de dominio de la autocracia persa y la posibilidad de conocer mundos hasta entonces ignorados, conducía también la reflexión crítica hacia el reducto donde residía el fondo legendario tradicional y mordía en él, sometiéndolo a implacable análisis.

Jenófanes, el fundador de la escuela eleática, al que obsesionaba la idea de la unidad y perseguía cierto tipo de monoteísmo, señalaba con indignación la imagen antropomórfica de los dioses que contenía la leyenda: "Homero y Hesíodo –decía– han atribuido a los dioses todas las cosas que, entre los hombres, son oprobio y vergüenza: robos, adulterios y engaños recíprocos"[3]. Esta actitud frente al bagaje legendario lo vincula con los logógrafos, en quienes la preocupación crítica tiende a desarrollarse. Apenas nos han llegado los nombres y algunos escasos fragmentos de esos cronistas de distintos estados griegos que se conocen con el nombre de logógrafos, durante los siglos VI y V. Algunos de ellos, como Cadmo, de Mileto, y Acusilao de Argos, se dedicaron a ordenar la historia del pasado remoto de sus respectivas ciudades, en tanto que otros como Carón de Lampsaco, Jautos de Lidia, y Dionisio de Mileto, se preocuparon de difundir –como Heródoto lo haría más tarde– la historia y los curiosos caracteres del mundo persa, en el que por entonces se reunía todo el conjunto de los viejos pueblos del Oriente cercano. De todos, el que conocemos mejor –aunque lo conocemos muy mal– es Hecateo de Mileto, gran viajero y geógrafo, de quien se dice que escribió un libro de viajes y unas *Genealogías*. Recuérdense aquellas palabras ya citadas de Hecateo que revelan su estado de espíritu. Para explicarnos el origen de su actitud acaso nos baste el curiosísimo relato de Heródoto[4] sobre su experiencia en Egipto, cuando contrastó su propia genealogía con las largas listas reales que conservaban los sacerdotes de

---

3. JENOF., *Frag.* 11.
4. HERÓDOTO, II, 143.

Tebas. Dieciséis generaciones griegas conducían a un entronque con la divinidad, en tanto que los egipcios recordaban un pasado humano varias veces milenario. La sorpresa de Hecateo fue inmensa, y esa sorpresa puede ser considerada como madre del espíritu crítico, que en Hecateo habría de manifestarse en un cuidadoso análisis de los antiguos mitos y las viejas genealogías, para desprenderlas de equívocos y enlazarlas verosímilmente con la historia real.

Sin duda, Hecateo se detuvo mucho antes de lo que prometía. Heródoto finge desdeñarlo, y Tucídides piensa seguramente en los logógrafos en general —y además en el propio Heródoto— cuando, en la *Historia de las guerras del Peloponeso*, se refiere despectivamente a "los relatos de los cronistas que más procuran agradar a los oídos que decir la verdad"[5]. Ciertamente, había en ellos muchas preocupaciones bastardas; si agradar al público puede no serlo cuando se persigue un fin estético, lo es sin duda en cambio cuando sólo se procura halagar las bajas pasiones o satisfacer los deseos de los poderosos; y los poderosos solían ser, precisamente, los que encargaban a los cronistas la composición de sus obras para servir a sus fines inmediatos.

Pero la labor de los logógrafos dejó un útil legado. Ya se ha dicho cómo descubrieron las fases fundamentales del trabajo histórico en la indagación, la libre exposición de los hechos con las pruebas y demostraciones necesarias, y la interpretación del conjunto de los fenómenos que constituye el remate de la labor; se ha dicho también cómo procuraron establecer un principio naturalístico de causalidad, o al menos intentaron acentuar el carácter humano de la historia, movidos por ese espíritu crítico que empezaba a despertar. Agreguemos ahora otra conquista: la certidumbre de que el nudo de la historia de su tiempo era la oposición de dos mundos —el de los griegos y el de los persas— de caracteres irreductibles. Esta convicción, que alimentaría la resistencia griega frente a los ataques de Darío y de Jerjes, proviene en cierto modo de la labor de esclarecimiento que realizaron los logógrafos, a cuya escuela pertenece en cierta medida Heródoto, aunque la supere, como Sócrates superaría los lindes del pensamiento sofístico, en el que hundía la raíz de su pensamiento.

---

5. Tucídides, I, 21.

❧ CAPÍTULO TERCERO ☙

La constitución del espíritu clásico

El período en cuyo transcurso se hace evidente para los griegos que el mundo persa y el suyo propio constituyen dos realidades inconciliables corresponde a aquel en que se constituye el sistema de los ideales clásicos como un sistema excluyente y cerrado. El fenómeno resulta de una actitud polémica que surge en algunos estados griegos, alrededor de los últimos años del siglo VI, y en estrecha relación con la sublevación de las ciudades jonias contra Darío. Antes de esa época y hasta bien entrado el siglo VI, el sistema de los viejos ideales aristocráticos –que constituye el tronco de los ideales clásicos del siglo V– había seguido sufriendo aquel proceso de hibridación que señaláramos antes. En las zonas donde se establecían contactos de cultura entre los nuevos pobladores del Egeo de raza indoeuropea y los viejos pueblos de tradición oriental –o sea en Asia Menor, las costas sirias y egipcias– estos últimos habían interferido, con diversa intensidad en la concepción del mundo y la vida propia de los primeros, y habían introducido en ella algunos de sus propios elementos; y ya en los poemas homéricos aparece la superposición de esas corrientes –la pura y la hibridada–, que provocó el reconocimiento de una antinomia que Nietzsche acuñó mediante la definición de lo apolíneo y lo dionisíaco[1].

---

1. Véase R. MONDOLFO, "Nota sul genio ellenico e le sue creazioni spirituali", en su edición de Zeller, *La filosofia dei greci nel suo sviluppo storico*. Vol. 1, pág. 306, Firenze 1932.

Esta hibridación había alcanzado ya en el siglo VI una notable complejidad. Junto a la concepción del hombre como imagen de los dioses, se advierte otra que lo concibe como víctima del celo divino, como dominado por fuerzas misteriosas –Moiras, Némesis, Erinneas, Ananké–, hasta aparecérsenos disminuido y abatido en su orgullo prometeico. La sensualidad se apodera de él y subvierte sus vigorosos impulsos primigenios. Al severo amor de Héctor por Andrómaca, o a la pasión de Aquiles por Briseida, sigue la refinada búsqueda del goce que acusa Safo y exalta Anacreonte. La necesidad de la catarsis aparece, y con ella la introducción del hombre dentro de un vasto sistema de interpretación de la naturaleza, en el que predominan las fuerzas incoercibles, el misterio, el terror pánico, todo dentro de una atmósfera caótica. Así nacen el temor y la angustia en el hombre; así se desarrolla la vasta inquietud religiosa en el siglo VI, y así irrumpe el sentimiento antihomérico que revela un Parménides. Por entre la teología homérica se enreda la informe hiedra de las creencias orientales, desembozadas o encubiertas, y se organizan nuevos cultos que inspirarán luego nuevas formas plásticas y poéticas, y muy pronto nuevas corrientes filosóficas.

Este proceso de hibridación no es idéntico en todas partes, ni en todas partes alcanza la misma intensidad. Por lo demás, tan vigoroso como pueda ser el impulso de las formas hibridadas, no alcanzan éstas a hacer tambalear lo fundamental del sistema de los ideales aristocráticos, que se mantiene siempre como estable armazón de cada una de esas nuevas combinaciones de elementos, en las que lo oriental no introduce sino un acento diversificador. Piénsese en Pitágoras y en Empédocles y se tendrá una imagen de las relaciones entre el sistema de los ideales aristocráticos y las corrientes exógenas. Lo que se opone al sistema de los ideales aristocráticos es un sistema de ideales hibridados, en el que aquellos siguen siendo los pilares en que reposa toda la construcción.

Podría afirmarse que de no sobrevenir el conflicto con el mundo persa, se habría acentuado aun más el proceso de hibridación y se habría alcanzado mucho antes en la cuenca del Egeo un tipo de cultura semejante al de la época helenística. Pero ese conflicto introdujo una pausa en el proceso de fusión heleno-oriental y una reafirmación polémica de los ideales aristocráticos tradicionales manifestada en algunos casos a través de la aspiración a su plena vigencia, y en otros solo en la decisión de contener el proceso de hibridación defendiendo el bagaje cultural con los caracteres alcanzados hasta ese momento, sin desdeñar los ya adquiridos. Este último fue el caso de los grupos jonios, en tanto que los de tradición doria aspiraron a mantener la prístina pureza de sus ideales tradicionales.

El conflicto entre los griegos y los persas produjo en los primeros, pues, alrededor de la época de la insurrección de la Jonia (500 a.C.), un enérgico sentimiento antioriental. De ese sentimiento se nutre el vasto esfuerzo que se realiza a partir de entonces para acentuar los matices diferenciadores, esfuerzo que traía aparejado la reafirmación del sistema de los ideales clásicos, definidos, ordenados y discriminados tal como aparecerán en los trágicos, en Fidias, en Píndaro o en Heródoto.

El sistema de los ideales clásicos como sistemas excluyente no predomina mucho tiempo. Su momento culminante coincide con el período de Pericles en Atenas, entre 460 y 430 a.C. Poco después comienzan a percibirse los signos del reavivamiento del interés por los elementos culturales de tradición oriental, tan pronto como el peligro persa parece definitivamente alejado. La "otra Grecia" reaparece entonces embozada dentro del pensamiento de los sofistas, de Eurípides y del propio Platón en algunas de sus fases, en la lírica de Baquílides y Simónides, en la estatuaria de Escopas y Lisipo, y en las ideas compromisorias de Jenofonte, y sobre todo de Isócrates y sus discípulos. Puede decirse que al finalizar el siglo v comienza a desvanecerse el sistema de los ideales clásicos, que en el campo del pensamiento histórico brilla con plena luz solamente en las obras de Heródoto y Tucídides.

Como nacido de un fenómeno de contacto de culturas, el sistema de los ideales clásicos se caracterizó por su aire polémico. Se afirmó enérgicamente lo que parecía diferenciar —y en efecto diferenciaba— a uno de otro rival, y se negó con la misma energía lo que pudiera insinuar una comunidad espiritual. Pero aquella afirmación polémica superponía, sobre una veta de vigorosos impulsos vitales irrefrenables, tan sólo un conjunto de formas y no otro sistema de impulsos vitales. Un marcado predominio del *logos* sobre el *pathos* caracteriza esta obsesiva búsqueda de la perfección.

De todos los aspectos que componen el sistema de los ideales clásicos acaso el más significativo sea el rechazo que entraña de la concepción mística de la naturaleza, que tendía a imponerse como corolario de ciertas actitudes religiosas. Para un Empédocles o para un Anaxágoras, la meditación filosófica estaba destinada a hallar una explicación naturalista del universo. Es la dirección que adoptaban también los atomistas. Fuera del sistema de interpretaciones religiosas, la naturaleza hallaba un principio de explicación en sí misma que el segundo momento de la filosofía cosmológica desarrolló considerablemente. La constante mutación de los cuatro elementos –las "cuatro raíces de toda cosa", como dice Empédocles– provocada por la Discordia y el Amor, que determina la formación de todas las cosas, hasta "los númenes longevos a los que se les rinde culto" (Empédocles); la acción del *nous* que introduce el movimiento en las *homeomerías* o partículas iguales que componen todas las cosas, que no nacen ni mueren, pues "debiera llamarse rectamente, al nacer, reunirse, y al morir, separarse" (Anaxágoras); el movimiento y el choque de los átomos en el vacío, con sus enlazamientos que originan las cosas compuestas (Leucipo y Demócrito); todas estas soluciones coincidían en la búsqueda de una explicación mecánica de la naturaleza que, excluyendo una voluntad sobrenatural, permitiera empero una comprensión racional de su secreto y liberara al hombre de la actitud sumisa y temerosa en que se hallaba frente al misterio.

Pero todas ellas, al mismo tiempo, afirmaban la existencia de un orden universal. La naturaleza se despojaba del carácter tumultuoso, inorgánico y proteico que le presentaban las creencias místicas e ingresaba dentro de un sistema preciso de causas y relaciones que la tornaba comprensible mediante la razón humana. *"Ninguna cosa acaece sin razón, sino que todas suceden por una razón y por necesidad"*, decía Leucipo; de modo que la tarea de la mente era hallar esa razón y esa necesidad, esto es, descubrir el sistema de leyes que rigen a la naturaleza. Transportándolo al plano de la física, el segundo momento de la filosofía cosmológica restaura la vigencia del orden que subyacía en la concepción homérica y constituía el principio fundamental del sistema de los ideales aristocráticos tradicionales, desvirtuados por la hibridación que se produjera al influjo de las concepciones orientales. Esta idea de orden proyectada en la idea de ley vuelve ahora a reflejarse en la concepción de la vida humana de la que proviniera, y en la que, como en el sistema de los ideales aristocráticos empieza a verse ahora, por refracción de la imagen del universo, un claro sistema de leyes ordenadoras: tampoco en la vida histórico social ocurre nada sin razón, ni necesidad.

En la vida histórico social, precisamente, esta universalidad que caracteriza el sistema de los ideales clásicos opera de manera muy intensa. El conjunto social no puede concebirse sino sobre la base de la comunidad de seres racionales que coadyuvan a su propio destino. Si la esclavitud subsiste, apartando de la comunidad a un cierto grupo, es porque el esclavo lo es por naturaleza (Aristóteles); pero los hombres que por naturaleza constituyen el grupo de los convenientemente dotados componen una unidad, en la que reside su propio destino. El Estado tiende a despersonalizarse, en consecuencia, y se lo imagina no como mera expresión de una voluntad individual dominadora sino como un conjunto de leyes y principios en el que se expresa la voluntad colectiva; de modo que tanto la teoría del más fuerte de los sofistas como la del rey filósofo de Platón escapan en cierta medida al sistema de los ideales clásicos, aunque se emparentan con él por ciertas vías.

El elemento fundamental del grupo, el hombre, constituye empero una realidad, y a él se refiere de manera eminente el sistema de los ideales clásicos. Sólo que no es el hombre individual exclusivamente. El sistema de los ideales clásicos rechaza toda tendencia a la particularización y prefiere referirse a los géneros. El hombre adquiere un perfil paradigmático que encuentra en Sófocles su más acabada expresión. Sujeto de pasiones, el hombre las vigila mediante el tenaz ejercicio del *logos* y del *ethos*, porque vive simultáneamente en esos tres planos, aunque sólo el de la inteligencia predomina; pues por ella es posible discernir la virtud y dirigir la conducta. La represión del *pathos* –una tendencia polémica en ese momento– es precisamente la represión de lo que contamina el sistema de los ideales clásicos, y esa norma preside la escultura de Fidias, la tragedia de Sófocles y la estructura del Partenón.

Pero la represión del *pathos* no es en modo alguno su negación. El sistema de los ideales clásicos discrimina en el hombre las dos vertientes de su existencia: alma y cuerpo. De este último provienen las pasiones, que constituyen el impulso vital, susceptibles por lo demás de corrección mediante la razón; pero provienen también los módulos de la existencia elemental figurados en la eficacia y en la belleza. De aquí el valor concedido a la educación del cuerpo, destinada a lograr el perfeccionamiento de esas dos calidades, y de aquí también la exaltación del cuerpo como fuente de goce estético. Pues el antropomorfismo que predomina –y que en otro aspecto animará la etapa antropológica de la filosofía– se anuncia ya en la versión plástica del hombre, en el que se reconoce una expresión del orden y la armonía del universo. El canon escultórico o la educación del ciudadano revelan el afán de hallar los esquemas de esa perfección, imaginada como la mayor aproximación a un ideal que ha sido construido mediante la generalización de ciertos datos empíricos referentes al ser del hombre.

Del alma proviene lo esencialmente humano. El "nada en demasía" délfico debe presidir la conducta del hombre, y los ideales hacia los cuales debe dirigirse le están señalados por su propia razón, capaz de conocer el bien. Su realización como individuo no puede lograrse sino dentro de ciertos esquemas que la comunidad ha elaborado, y entre ellos no encuentran lugar sino los que representan al hombre como ser social, no como ser individual. Ni el místico ni el sabio, por ejemplo, constituyen todavía ideales suficientemente vigentes; apenas lo configura el creador de formas bellas, y eso a condición de que consiga establecer una comunicación directa con la comunidad. El esquema predominante del individuo es el del ciudadano, que vive para su comunidad y realiza en su seno sus posibilidades individuales de excelsitud como político o como guerrero.

Obsérvese que se reavivan los ideales homéricos. Tampoco dentro de ellos parecían valiosas ciertas formas de actividad individual que escaparan a esos esquemas. Néstor, Aquiles, Ulises no son sino ciudadanos, esto es, miembros activos de una comunidad que exige su servicio, y ni el meditativo ni el aeda pasan de ser personajes secundarios. Como guerrero o como político –como Leónidas o como Pericles– alcanza el griego su máximo relieve. Mas poco a poco la razón comienza a realizar una lenta y brillante conquista. Fuera de sus posibilidades como experiencia –experiencia de la vida y la conducta humana– el saber comienza a conquistar un lugar entre las actividades posibles del individuo, entendido, eso sí, como saber de realidades. La infinita curiosidad del griego se lanza sobre la naturaleza y descubre un día que la observación y el raciocinio pueden conducirlo hacia un tipo de conocimiento más preciso, hacia un tipo de conocimiento objetivo. He aquí otro de los rasgos fundamentales del espíritu clásico: la objetividad, por cuyo prestigio el saber ha de adquirir en poco tiempo un relieve antes inusitado. Hasta ahora el saber parece tener como área propia el conocimiento de la naturaleza. Pero estamos ya en el momento en que el griego comienza a descubrir al hombre. Hacia 485 –casi al mismo tiempo que Gorgias, Protágoras y Eurípides, y alrededor de la fecha de la invasión de Jerjes– nace Heródoto en Halicarnaso, y con él se abre una nueva era de criticismo aplicado al conocimiento de la historia de los hombres.

❧ CAPÍTULO CUARTO ❧

Heródoto

A lo largo de una existencia inquieta y curiosa, Heródoto compuso una obra, las *Historias*, la más antigua en su género que poseemos, gracias a la cual suele llamarse a su autor el "padre de la historia". Si hoy aparece dividida en nueve libros en las ediciones modernas, las interrupciones del relato nada tienen que ver con su estructura original y sólo se remontan a la época alejandrina. Aparentemente, las *Historias* constituyen un conjunto de narraciones hilvanado muy por encima; pero un análisis cuidadoso revela las peculiaridades de su organización, en la que hallamos, a mi juicio, los elementos para una recta comprensión de la concepción historiográfica que subyace en la obra.

Heródoto ha comenzado por escribir una historia contemporánea, esto es, un relato de los acontecimientos ocurridos en el ámbito geográfico de su propia experiencia y dentro del marco de tiempo de su propia vida: eso es lo que constituye el tema de los tres últimos libros de las *Historias* en su actual ordenación, a saber, la guerra que condujo Jerjes contra los estados griegos a partir del año 450. Esos tres libros –VII, VIII y IX– se caracterizan por su ceñida contracción al tema central, sin las abundantes digresiones que se advierten en los otros. Heródoto se ajusta a la exposición de los hechos que se ha propuesto relatar dentro de un severo plan cronológico, y conduce la narración sin desvíos desde el ascenso de Jerjes al trono hasta la retracción de los persas después de Mícale. Pero quizás al mismo tiempo componía otros fragmentos de diverso interés sobre distintas comarcas que había conocido o destinados a satisfacer la curiosidad de ciertos auditorios.

Así acumuló un vasto material de relatos y descripciones que le permitieron un día anteponer a la historia de la segunda guerra médica una larga exposición de las causas remotas y profundas que explicaban, a su juicio, el conflicto político militar de principios del siglo V. Reunidos con mayor o menor fortuna, los distintos fragmentos constituyeron una larga historia del Imperio persa y de las áreas culturales más importantes que se integraban en él, hasta desembocar en la insurrección de Jonia, que señala, en el libro V, la transición entre el pasado remoto y el inmediato. Así, los *Nueve libros de la Historia*, bautizados con los nombres de las nueve musas por los editores alejandrinos, quizás en el siglo I a.C., constituye un conjunto cuyo tema podría definirse, según uno de sus más recientes editores, como una "historia de las guerras médicas, precedida de una historia de sus antecedentes, de su preparación y de sus lejanos orígenes"[1]. Acaso cabría agregar: "y de sus causas profundas", pues Heródoto no sólo señala la sucesión de los hechos sino también la oposición de concepciones irreductibles.

Desde cierto punto de vista, Heródoto continúa la línea de los logógrafos. Así como leyó en Atenas una parte de su relato, que seguramente exaltaba la gloria de la ciudad, acaso algunos de los fragmentos que constituyen largas digresiones sobre distintos episodios y países fueron leídos separadamente allí donde interesaban por su exotismo o por su localismo, dejándose arrastrar por la necesidad de agradar a su auditorio. Su figura, mientras leía sus relatos ante el público, recuerda demasiado la del rapsoda para que no veamos una reminiscencia de la actitud épica, en la que el elemento dramático se conjugaba con el estético. Todo esto hace de Heródoto un personaje característico, heredero de varias tradiciones y fiel a ciertos modelos y costumbres. Pero esta fidelidad no es absoluta, y en alguna medida se desprende Heródoto de la tradición, tal como antes lo habían hecho los logógrafos. Si Hecateo avanza un paso en la conquista del espíritu crítico, Heródoto avanza otro sobre Hecateo.

El relato histórico se despoja un poco más —en marcha continua y progresiva— de los elementos legendarios, y tiende a hacerse narración de hechos reales, dentro de esquemas humanos, según criterios que se satisfacen dentro de la experiencia inmediata de cada uno.

---

1.   Ph. E. Legrand, Heredóte. *Introduction, Les belles lettres*, París, 1932, pág. 231.

La época y las circunstancia de la vida de Heródoto contribuyeron sin duda a que fuera él quien diera ese paso. Por lo que sabemos –que es muy poco y sujeto a toda clase de reparos–, nació Heródoto en Halicarnaso (Caria), sobre la costa de Asia menor, hacia el año 485 a.C., de una familia de cierta importancia local, en la que acaso hubiera una rama de ascendencia caria, esto es, no griega. Halicarnaso estaba por entonces gobernada por Lygdamis –nieto de aquella famosa Artemisia "ingeniosa y prudente" que acompañara a Jerjes en su expedición a Grecia–, y como vasallo de Persia era su autoridad para algunos tiránica e insoportable. Heródoto estuvo entre sus enemigos, creció en las luchas y terminó expatriándose a Samos, donde residió algún tiempo y se familiarizó con las tradiciones del país de Polícrates. Cuando las circunstancias fueron propicias volvió a su ciudad para coadyuvar a la expulsión del tirano, y permaneció en ella algún tiempo, no sin alejarse alguna vez en busca de nuevos horizontes; por entonces, en efecto, parece que comenzaron sus largos viajes, repetidos luego muchas veces a lo largo de su vida. Visitó Heródoto muchos lugares alejados de su patria: Olbia, Escitia y Cólquida por el norte; Babilonia hacia el este; Macedonia al oeste, y Libia, Siria, Cirene y Egipto al sur. De esos viajes poco sabemos en cuanto a sus fechas, a su extensión y a la intensidad de la impresión que produjeron en el viajero. Parecería que Heródoto no se hubiera apartado de las rutas más frecuentadas por mensajeros y mercaderes, ni se hubiera demorado mucho tiempo en cada lugar. Pero aun así, significaban esos viajes una renovación profunda de los horizontes para un griego de Halicarnaso y ocasiones propicias para recoger ricas experiencias y madurar el saber adquirido. Mas acaso de todas esas experiencias haya sido la más profunda la que ejercieron el viaje a Atenas y la estada en la capital ática, donde permaneció aproximadamente desde 447 hasta 443.

Atenas fue la patria espiritual de Heródoto. El período durante el cual permaneció en ella es el de la preeminencia de Pericles, y en el que alcanzaron la mayor intensidad los problemas del espíritu. Comenzaron a brillar por entonces los primeros sofistas, y muchas de las ideas revolucionarias de Heródoto acusan la influencia de esos maestros, aunque considerablemente entibiada; y al calor de esas ideas se modelaría su actitud crítica. Seguramente alcanzó allí la intimidad de Sófocles ya glorioso poeta, y acaso conoció a muchos otros miembros de esa aristocracia intelectual que de tan alto prestigio gozaba en el Estado. Heródoto era ya por entonces un hombre maduro –frisaba en los cuarenta años– y había compuesto buena parte de su obra; algunos fragmentos de ella, seguramente los que se relacionan con los gloriosos episodios de Platea y Salamina, los leyó en público en 449, y entusiasmó tanto a su auditorio, que la *boulé* le otorgó una recompensa. Probablemente el propio Sófocles se contó entre los entusiastas, porque recogió del relato de Heródoto algunos elementos que incorporó a sus obras, especialmente en *Antígona*, que estrenó poco después, en *Edipo rey* y en *Edipo en Colono*. Un poema dedicado a Heródoto completa la imagen de esta amistad entre el historiador y el poeta.

Como tantos otros griegos de Asia, Heródoto se radicó finalmente en la Magna Grecia; figuró entre los fundadores de la colonia ateniense de Thurioi, y allí permaneció desde 443; no sabemos por cuánto tiempo, ni si estuvo en la nueva ciudad de manera continua, pues es posible que realizara desde allí algunos de sus viajes, aunque parece que desconoció la Italia no griega. Quizás volviera a Atenas y acaso completara allí su vasta obra. Pero sus huellas se pierden, y aun la fecha y el lugar de su muerte son inciertos, aunque se supone que no ha podido vivir más allá de 420, fecha que prefieren los que han estudiado atentamente los últimos acontecimientos que incluyen sus *Historias*.

Sus viajes, el conocimiento directo de muchos aspectos diversos de la realidad, el cotejo entre lo que constituía su propia tradición y el caudal de su saber con el torrente de la tradición y el saber del extraño mundo que casi circundaba el mar Egeo, ensancharon la perspectiva histórica de Heródoto, cuyo punto de partida originario parece haber sido el conflicto político militar que enfrentó a los persas con los griegos. Reparemos bien en el significado de esta circunstancia, que presta particular relieve a la figura del "padre de la historia", y acaso obligue a meditar sobre su legado.

Quien lea atentamente los últimos tres libros de las *Historias* descubrirá en Heródoto al típico historiador político. Con pequeñas variantes, y sólo de matiz, puede decirse que casi todo Tucídides está implícito en este enfoque de la labor historiográfica. Y como Tucídides, conservan esta dirección casi todos los historiadores de la antigüedad, Tito Livio y

Tácito entre otros. El objeto fundamental del relato de Heródoto en aquellos libros es trasmitir los resultados de una investigación y una crítica más o menos profunda, realizadas sobre el estricto campo de los hechos políticos y militares. Asambleas y batallas siguen siendo, como en la epopeya, los escenarios en que se manifiesta eminentemente la acción del ciudadano, y el hombre parece ser de modo casi excluyente un ciudadano. Los discursos y los debates, los esfuerzos por arrastrar mediante el razonamiento la opinión de quienes deben expresar con su voto una decisión definitiva, así como el esfuerzo personal para derrotar a un enemigo singular o a un cuerpo combatiente, proporcionan la ocasión para que el historiador exalte la virtud y la grandeza del individuo. Porque esta forma del relato, como la epopeya, esconde cierta vaga reminiscencia de la leyenda biográfica, y a pesar de la vastedad y complejidad del tema, deja traslucir de vez en cuando los esquemas de una historia construida como desarrollo de la biografía. En cambio, lo que atañe estrictamente a la comunidad aparece entrevisto con menor profundidad, y sólo a través de lo político. Ni lo económico ni lo social atrae especialmente la atención del historiador, que, todo lo más, recoge la espuma de estos fenómenos cuando alcanzan significación en el más notorio plano de la política.

Ahora bien, esta dirección del pensamiento histórico de Heródoto, que predomina en la parte más antigua de su obra, o sea los tres últimos libros, aunque es la que siguieron preferentemente sus sucesores, no es en cambio la única que podemos hallar en él. Heródoto la corrige y la enriquece. La perfecciona al enriquecerla, pero no sólo porque la enriquezca sino porque la enriquece acertando en cuáles son los estratos donde cree necesario bucear. A cierta altura de su desarrollo intelectual, Heródoto comienza a trazar una imagen más rica y más compleja de los hechos que ha narrado en sus primeros relatos, y procura dar, como dice Legrand, una "historia de sus antecedentes, de su preparación y de sus lejanos orígenes". Entonces comienza a retroceder en el tiempo y a buscar mayor amplitud en sus horizontes, hasta incluir su primitivo esquema político dentro de una verdadera historia de la cultura, tan rudimentaria y falta de sistema como se quiera, pero plena de provechosas sugestiones. El hecho es revelador: el "padre de la historia" es un historiador de la cultura —que no excluye sino que incluye la historia política dentro de su esquema–, y sus sucesores inmediatos han desaprovechado esa enseñanza para atenerse a una tradición que proviene de la épica y se satisface en una etapa superficial del fenómeno histórico. He aquí por qué conviene volver cada cierto tiempo a Heródoto.

El punto de vista que suponen las Historias es extremadamente importante para el destino de las ciencias históricas. Entraña la afirmación de que la historia política no se explica por sí misma, aunque se prolongue la serie causal hasta agotar –si es que puede agotarse– la serie de los eslabones situados en el plano político. Su explicación está al mismo tiempo por encima y por debajo del plano político, y esta observación vale para cualquier otro plano de la vida histórica, pues tampoco lo económico, lo social o lo espiritual logran explicarse por sí mismos. Heródoto. intuye –intuición genial y supuesto imprescindible para el historiador– la radical complejidad de la vida histórica y la necesidad de polifurcar la indagación hacia las múltiples raíces del hecho primario hasta pisar firmemente en los diversos planos cuya conjunción configura la vida histórica. Y si finalmente las explicaciones causales se expresan dentro de fórmulas que parecen implicar la preeminencia de lo político, es necesario advertir que se trata entonces nada más que de una fórmula, y que lo político representa –pero no es por sí solo– una concepción de la vida.

Una concepción de la vida es la que Heródoto procura caracterizar en cada uno de los grupos culturales con que se enfrenta. Si ha podido señalarse en él una punzante curiosidad diversificada en dos campos, uno etnográfico y geográfico y otro histórico, es porque se suele dar por admitido que lo histórico se identifica con lo político. La curiosidad de Heródoto es, como suele decirse, geográfica, etnográfica e histórica, pero fundidos todos estos aspectos en un solo haz y considerados como formas diversas de aquel fenómeno central que constituye el impulso del devenir histórico de una colectividad, esto es, la peculiar concepción de la vida que se manifiesta de múltiples maneras a través del tiempo. Si Heródoto se preocupa por indagar los usos, las costumbres y las instituciones de los diversos pueblos tratando de fijarlas por medio de datos concretos de la realidad, es porque procura fijar el perfil de cada uno de ellos y hallar la clave de su comportamiento histórico. Tal es el sentido de su curiosidad por lo peculiar, por lo pintoresco, por lo llamativo, por lo insospechado, que da tanto color y vivacidad a su narración; todo ella diferencia, caracteriza y personaliza a un grupo social. Quien piensa de tal manera y tiene tales y cuales instituciones y costumbres obra espontáneamente de tal o cual modo y –parece agregar– tiene señalado su destino en estas determinaciones, pues, obligado a obrar de cierta manera cede o se sobrepone frente a quienes obran de otro modo.

Esta curiosidad por lo distinto hubiera podido quedar nada más que en simple curiosidad, como suele ocurrir en tanto viajero autor de memorias; pero Heródoto, aunque parezca a veces un turista, carga su reflexión permanentemente con un acento histórico que proviene de una concepción vastísima, casi gigantesca diríase, del devenir del mundo que alcanza a sospechar. Lo primordial en él es el sentido histórico y la curiosidad es sólo su instrumento y su acicate. Entrevisto el vasto drama, Heródoto caracteriza a los actores y explica su comportamiento y su sino. Ninguna de las unidades culturales que analiza parece en reposo, sino que las concibe todas dinámicamente, como marchando hacia un desenlace, punto final de su perspectiva histórica, que es el duelo entre griegos y bárbaros. Quiénes son los bárbaros y quiénes son los griegos que entren en competencia, es el secreto motor de su curiosidad. Y para desentrañar ese secreto se interna en el conjunto de cada una de esas unidades complejas y procura desintegrarlas. Los bárbaros no son solamente los persas, sino un conglomerado de pueblos que, por razones que procura aprehender, cayeron bajo la dominación persa integrando de ese modo su potencial político y militar; y los griegos constituyen también un conjunto de grupos cuya unidad reside en ciertos impulsos latentes que se galvanizaron en determinada circunstancia, o en cierta conciencia de su solidaridad que adquirieron frente al peligro. Estos dos mundos en contacto, y sobre todo la dinámica de su choque, orientan la curiosidad de Heródoto, que ordena luego dentro de una vasta arquitectura todo el conjunto de sus observaciones para componer un cuadro de conjunto que explique suficientemente las causas últimas y profundas de la guerra que sirve de punto de partida a su proceso intelectivo.

Un contacto de cultura es, pues, el fenómeno primario de su actitud histórica. Acaso ya visible en su primitivo enfoque de la segunda guerra médica, con el que comienza su labor, se acentúa después a través de las observaciones acerca de las influencias que observa de unos grupos culturales sobre otros. La posibilidad de transmisión de elementos culturales y la tendencia de los grupos de más bajo nivel a adherirse a las formas vigentes entre los de nivel más alto, constituyen supuestos que funcionan en la explicación de ciertos fenómenos. Originario de una zona típica de contactos de culturas, acaso él mismo representante de una mezcla étnica, y en todo caso testigo de muchas formas episódicas de fusión y reducción de tradiciones, Heródoto puede apreciar agudamente la significación histórica del contacto cultural. Pero su apreciación parece tener un tope, representado por el punto de partida de su proceso intelectivo, esto es, las guerras médicas. Si hasta allí las culturas de la cuenca del Mediterráneo oriental han estado en constante intercomunicación, la progresiva definición y diferenciación de dos concepciones del mundo y dos actitudes vitales han terminado por establecer dentro del área tradicional un universo de dos polos, al cual quiere referir su historia como una historia universal. Lo que queda fuera no es, en consecuencia, resultado ni de una omisión ni de un olvido, sino de un juicio de valor, pues carece a sus ojos de relieve histórico frente al fenómeno fundamental de la constitución de esos dos grandes bloques que representan otras tantas formas culturales.

Si durante mucho tiempo esas dos culturas han podido comunicarse entre sí, las relaciones de dominio que se insinuaron primero y se establecieron finalmente terminaron por proporcionar a ambos grupos una clara conciencia de su naturaleza peculiar. Ese fenómeno de conciencia, que se había operado en la Grecia de Asia al calor de la opresión persa y en la Grecia propia con motivo de la agresión de Darío, es el que recoge Heródoto proporcionándole un fundamento histórico. Compenetrado él mismo de ese estado de ánimo, lo enriquece sin embargo mediante una actitud comprensiva hacia el mundo bárbaro, al que no juzga como podría haberlo hecho un ateniense de la generación de Platea sino con la ecuanimidad que le permite la lejanía de los hechos y su propia condición de testigo del valor de aquel mundo que, considerado según sus propios principios, había alcanzado un altísimo nivel. Esa ecuanimidad ha motivado que alguna vez se considerara a Heródoto un filobárbaro. El epíteto es excesivo. Heródoto no es en modo alguno hombre de pasiones, y más bien lo caracteriza cierta parsimonia y aun cierta indiferencia. Su relativismo crece con el desarrollo de su actitud crítica, y de él nace cierta predisposición a considerar el pro y el contra de las cosas con tranquila ecuanimidad. Los bárbaros no son, en consecuencia, para él solamente los enemigos, sino un conjunto de pueblos que por entonces ha alcanzado un nivel de cultura muy superior al que tenían, por ejemplo, en la época de la hegemonía asiria. Heródoto lo mira con curiosidad y con esa predisposición simpática de quien quiere llegar a conocer la verdad a fondo. Pero si pudo ser llamado filobárbaro por quienes consideraban que no se mostraba suficientemente parcial respecto a la causa griega, considerado desde el punto de vista de la necesaria objetividad del historiador, acaso haya que seguir considerándolo como un filoateniense.

Porque acaso el matiz que sea necesario buscar en su actitud frente a los griegos sea el que resulta de la que adoptó frente a los distintos grupos nacionales que constituían el mundo helénico cuando empezaron a separarse después de la victoria sobre Persia, para constituir finalmente los frentes que se opondrán en la guerra del Peloponeso. Heródoto no es igualmente partidario de todos los griegos, y es bien sabido que Plutarco, en un pasaje famoso, pudo hablar de su "malignidad" por la intencionada hostilidad que creyó ver —a veces con sobrada razón— en las referencias de Heródoto sobre algunos estados helénicos. Para Heródoto, el espíritu griego está representado eminentemente por Atenas y Esparta, pero más aún por la primera que por la segunda; y los acentos que una y otra imponen a los distintos aspectos de la vida se complementan a sus ojos para componer un acorde del que resulta la peculiaridad griega que él opone a la del mundo bárbaro.

De hecho, la oposición de dos culturas constituye el substrato de toda la explicación que Heródoto proporciona acerca de la guerra entre griegos y persas: dos culturas no demasiado lejanas en sus orígenes, pero alejadas luego a medida que cada una perfilaba más resueltamente su personalidad. Los griegos, tan separados como puedan estar entre sí los diversos estados, componen una unidad imponderable pero indestructible. "Hablan la misma lengua, tienen la misma religión, comunidad de templos y de edificios, uniformidad en las costumbres y semejanza en el modo de pensar y de vivir"[2]. Y hasta parecen haberse distribuido de tal modo que la Europa puede ser considerada como su morada natural, en tanto que el Asia parece ser el área de expansión propia de los bárbaros. Sólo como una lejana avanzada helénica parece considerar Heródoto a su propia patria y a la cadena de ciudades griegas de la costa del Asia menor.

Diferencia sobre todo a los griegos de los bárbaros el distinto grado de desarrollo cultural. Ayer nomás, parece decir Heródoto, antes de entrar en contacto con la Lidia, los persas constituían un pueblo primitivo que no tenía a su disposición nada de delicado ni de bueno[3]. Los griegos, en cambio, "se habían distinguido desde largo tiempo de los bárbaros, mostrándose más finos, más desprendidos de una necia simplicidad"[4]. Esta precedencia en el tiempo de las etapas de desarrollo de los griegos con respecto a los persas está determinada por el punto de partida del proceso intelectivo de Heródoto. A partir de las guerras médicas, y considerado retrospectivamente el desarrollo de cada uno de los elementos culturales en contacto, el observador, comprueba que es precoz el de los griegos y tardío el de los persas. Pero Heródoto no insiste demasiado en la comparación. Lo que hace de él un historiador de la cultura es, precisamente, su capacidad para percibir lo distinto y referirlo a los criterios intrínsecos que lo rigen, sin inútiles referencias a otros extraños. Su preocupación fundamental es, pues, señalar lo que es tal como es, porque el mero hecho de su realidad constituye para él un valor.

Obsérvese a todo lo largo de la descripción de las costumbres y peculiaridades del Egipto la mesurada y prudente sorpresa que revela Heródoto cuando se trata de las cuestiones religiosas. Puesto que ve en ellas el último reducto de las peculiaridades de un grupo cultural y el más claro reflejo de su concepción del mundo y la vida, Heródoto se muestra curioso por averiguar su significado y tan explícito al transmitirlo como se lo permite el "silencio religioso", que estima necesario guardar. Todo el culto animalístico del Egipto produce en su ánimo, sin duda, una profunda sorpresa, pero su relato tiene una contenida objetividad, porque ha adquirido

---

2. Her., VIII, 144.

3. Her., I, 71.

4. Her., I, 60.

la certidumbre de que los hechos son de ese modo y justifican su legitimidad por sí mismos. Nada en su experiencia podía conducirlo hacia una actitud receptiva con respecto a esas formas religiosas, y sin embargo las acepta e intenta comprenderlas, sin dejar traslucir su sorpresa y menos que todo su opinión acerca de si implican un determinado grado de desarrollo espiritual. La misma actitud se nota cuando señala que los persas no conciben antropomórficamente a sus dioses: puntualizando el hecho, Heródoto lo complementa con otras observaciones, pero, tan extraño como resulta para su propio sistema de ideas, reconoce en ello la peculiar expresión de una concepción universal. Tal es en general el sentido del relativismo de Heródoto: hay un fondo universal que permanece, aunque se manifieste bajo diversas apariencias. De aquí su constante alusión a las equivalencias entre elementos de diversas culturas.

Si el Egipto debía resultar curioso y exótico para los griegos, su descubrimiento –posibilitado por su inclusión dentro del Imperio persa– debía provocar extrañeza en el espíritu griego y fortalecer en él la certidumbre de que estaba animado por una concepción de la vida radicalmente distinta. Lo mismo debía ocurrir frente a los cimerios, los escitas, los tracios, los fenicios, los caldeos y aun los lidios, en quienes empero reconoce Heródoto una situación intermedia entre griegos y bárbaros, porque efectivamente constituían la otra vertiente de la zona de contacto de culturas a que pertenecía su región natal. La más acusada polaridad, naturalmente, la señala Heródoto entre los griegos y los persas, sobre todo porque frente a estos últimos se planteó en determinado momento de la historia la posibilidad de una sujeción que pareció insoportable. Y si en el fondo Heródoto parece admitir como legítimo y lícito el hecho de que egipcios, escitas, fenicios, caldeos y lidios hayan terminado por entrar dentro de la admirable –así piensa Heródoto– organización del Imperio persa, su espíritu se subleva ante la mera idea de que los griegos todos hubieran tenido que soportar el yugo que las regiones griegas de Asia sufrieron durante algún tiempo.

Porque ahora las concepciones de la vida de griegos y persas le parecen antagónicas e irreductibles. Obsérvese dónde hace radicar la cuestión esencial Heródoto. Lo que constituye la peculiaridad helénica reside sobre todo en las formas de la convivencia social y en el orden político. Los griegos son ciudadanos en sus estados, en tanto que los súbditos del

Gran Rey son solamente vasallos o siervos. En cada uno de los ciudadanos griegos se reconoce una capacidad de pensar y de resolver, que, ejercitada en común con sus semejantes, provee las soluciones para los problemas de la comunidad; usan la inteligencia, inclusive cuando la ejercitan en ese "espacio que hay en medio de la ciudad designado para reunirse y engañarse los unos a los otros mediante juramentos"[5]. Pero sólo la inteligencia libre puede alcanzar también su mayor excelsitud. Y esa inteligencia tiende hacia lo alto cuando se la deja en libertad. Por eso los griegos han preferido la aristocracia o la democracia como formas de gobierno –según distintas razones– a la monarquía, que se caracteriza por los rasgos que explica Darío[6], y más aún por los que destaca Otanes[7], que recuerdan las observaciones de Samuel en el pasaje conocido por el *derecho del rey*[8]. La autocracia es, en efecto, la expresión de la típica forma de convivencia social que predomina entre los bárbaros, lo que asimila a los faraones egipcios, a Creso y a Ciro. Y esto es lo que constituye el insuperable abismo que separa a griegos y bárbaros, porque quien ha gustado los frutos de la libertad no puede renunciar a ellos mientras conserve un resto de energía moral. El libre ejercicio de la inteligencia parece ser la condición inexcusable de la vida tal como la concibe Heródoto, y es esa condición la que infunde a sus *Historias* un sentido programático que todavía tenía vigencia en su tiempo y que volvería a vivificarse en la defensa del espíritu ateniense contra el espíritu espartano: porque en el proceso de desarrollo del espíritu griego la aristocracia parecía una etapa superada.

Fuera de esa programática, no demasiado vehemente y además restringida por la actitud comprensiva y un poco pesimista de Heródoto, el historiador procura mantenerse dentro de la mayor objetividad. Con respecto a los logógrafos, Heródoto avanza un paso más en el camino del esclarecimiento crítico. Pero no debe exagerarse la magnitud de ese paso. Heródoto es un hombre cohibido por algunos prejuicios religiosos que ponen límites precisos a su criticismo. Más allá de cierto punto su actitud sería sacrílega, y se detiene pruden-

---

5. Her., I, 153.

6. Her.. III, 82.

7. Her., III, 60.

8. I, Samuel, VIII.

temente antes de llegar a él. Pero no se resigna del todo a esa limitación y, aunque no la supera, procura esquivarla hábilmente; y como la esquiva tratando de atenerse a una historia humana en la que sea lícito explicar los fenómenos sin otras referencias que las puramente humanas, su esfuerzo crítico se sitúa en un terreno favorable y se desarrolla libremente por la simple elección del área en que se ejercita.

Cuando el problema es arduo, Heródoto consulta, averigua, reflexiona y, a veces, termina por adoptar una posición. En oportunidades se abstiene, limitándose a trasmitir las noticias obtenidas sin abrir opinión; pero en algunas ocasiones se resuelve a exponer su juicio y entonces nos es dado ver funcionar su espíritu crítico con cierta precisión. En principio, los elementos sobrenaturales le merecen respeto o, mejor, una suerte de supersticioso temor, pero se adivina que preferiría relatar y explicar los hechos sin su intervención. Sabe del hombre lo suficiente como para poder explicar los hechos de la vida política por la psicología individual —la pasión, la inteligencia— y deduce de las condiciones generales del ciclo cultural que estudia el conjunto de las determinaciones que pueden moverlo. Con esto cree poder llegar hasta las causas profundas y, a veces, efectivamente lo logra. Pero cuando se encuentra con elementos contradictorios apela a su mejor instrumento crítico y decide entre varios datos hasta elegir el más verosímil; pues la crítica de verosimilitud representa el tope de su criticismo y, si bien es cierto que no le es posible con ella alcanzar una indiscutible verdad, no lo es menos que puede desplazar con su ayuda buen número de datos insostenibles.

Por lo demás, ¿sobre qué testimonios podía ejercer Heródoto un severo criticismo y cuáles podían moverlo a extremar sus dudas? Piénsese que no es un erudito que maneja abundantes documentos y constata diversos textos ricos en noticias, aunque sean contradictorias. Los testimonios que Heródoto tiene a su alcance constituyen un pobre conjunto. Cuando sobre algún hecho puede acudir a dos fuentes distintas, puede considerarse satisfecho y, generalmente, ha agotado sus posibilidades. Lo más frecuente es que sobre cada uno obtenga una sola noticia, sucinta y por lo general incontrolable, no conociendo los idiomas de los países que visita y sin que le sea dado conocer directamente las fuentes escritas o multiplicar los interrogatorios. Imaginémoslo en Egipto o en Babilonia. Lo que le dijera el *cicerone* que hablaba en griego era, prácticamente, lo único que podía llegar a saber. Si obtenía por algún otro conducto una noticia semejante o complementaria, podía sin duda reflexionar sobre las relaciones entre la primera y la segunda, establecer las analogías o diferencias y, finalmente, optar por lo más verosímil; pero ¿qué posibilidades tenía de comprobar mediante fuentes indudables aquello que oía? Ya es mucho que haya atinado a ejercer una crítica de verosimilitud, reflejo de un espíritu independiente, aunque no configure un acabado método de investigación histórica.

Si Heródoto hubiera pretendido probar de manera exhaustiva cuanto relataba, sin duda no hubiera podido escribir su obra. Pero ¿acaso parecía imprescindible hacerlo dentro de los módulos intelectuales de la época? ¿Acaso probaban cuanto decían los filósofos milesios, Heráclito, Zenón, Pitágoras, Empédocles o Anaxágoras? El conocimiento apenas comenzaba a emerger del área de la mera opinión y, frente a sus contemporáneos, la actitud de Heródoto revela inequívocamente un progreso señalado en cuanto a rigor y a exigencias críticas.

Por eso es Heródoto un historiador notable. Pero no es grande sólo por eso, sino, sobre todo, porque, exento de doctrina, descubre intuitivamente todas las posibilidades del área cognoscitiva en que se introduce y las desarrolla con natural maestría. Heródoto acompaña el movimiento de transición de la epopeya a la historia política y avanza además hacia la conquista de una fundamentación histórico-cultural de los acontecimientos que relata. No es poco, y las dificultades de la empresa prueban el vigor de su inteligencia. Es una suerte de grandeza. Tucídides la rechazará prefiriendo la grandeza del renunciamiento, de la honesta circunspección, de limitarse a hacer sólo aquello que le permitía la posibilidad de la perfección. Como caracteres, representan dos tipos antitéticos, y uno y otro representan también dos maneras distintas de entender la misión de la historia. La de Tucídides parecerá más severa y perdurará como un ejemplo para los sucesores inmediatos. Aun ahora parece constituir un ideal científico. Pero cada vez que la perfección se agosta dentro de estrechos límites, parece necesario volver a liberar la inteligencia audaz y retorna la ciencia histórica de los ideales de Heródoto, entonces más que nunca "padre de la historia".

❧ CAPÍTULO QUINTO ❧

Tucídides

Tucídides aspiraba a lograr la perfección dentro de la restringida zona de conocimientos en que se situaba. Era esa su *forma mentis*, y correspondía a la de muchos atenienses de su época. Prefería reprimir sus posibilidades y agotarlas a exceder sus límites. Como los trágicos, como Fidias, este discípulo de los sofistas gustaban sin embargo de la sobria arquitectura, de la medida ornamentación, de la forma pulcra. El primado de la razón constituía su lema y su programa.

Era, en fin, un ateniense de su tiempo o, más exactamente, un espíritu superior dentro de la *elite* intelectual de la Atenas de su época. Unos treinta años más joven que Heródoto, había nacido en una fecha incierta alrededor de 460, en el seno de una familia que poseía ricas minas en Tracia, de modo que no le faltaron recursos para gozar de una esmerada educación. Se dice que fue discípulo de Antifón y de Anaxágoras –en una época en que el propio Sócrates aprendía a desentrañar el secreto del ser del hombre– y se familiarizó con la nueva imagen que comenzaba a dibujarse del individuo y de las relaciones sociales, al tiempo que contemplaba con estrecha adhesión el espectáculo de la autoridad de Pericles, mezcla de magistratura y magisterio. Allí aprendió a apreciar con exactitud la significación de Atenas, las posibilidades de la democracia y el valor que en su desarrollo tenía la acción ejemplarizadora de un hombre tan desinteresado como clarividente: "Durante la paz y mientras estuvo a la cabeza de los asuntos públicos gobernó con prudencia; bajo su guía Atenas estuvo segura, y alcanzó en su tiempo la mayor grandeza. Cuando comenzó la guerra, mostró que tambіén aquí se había formado una justa opinión del poder ateniense. Sobrevivió dos años y seis meses al comienzo de las hostilidades y, después de su muerte, su previsión fue aún mejor apreciada que durante su vida"[1].

Cuando estalló el conflicto entre Atenas y Esparta Tucídides cumplió con los deberes que le imponía la ciudadanía, y debió cumplir bien, pues en 424 mereció que se le confiara el mando de una pequeña flota que debía auxiliar a la colonia ateniense de Anfípolis, sitiada por Brasidas. Era una operación importantísima, pues Atenas se aprovisionaba en esa zona, y acaso se confiara en el prestigio de que allí gozaba la familia de Tucídides para neutralizar la acción del general espartano que había realizado una notable marcha a través de Tesalia y Macedonia. Pero Tucídides no logró su propósito: Anfípolis cayó en manos de los espartanos y el jefe de la expedición debió purgar su culpa. "Veinte años estuve desterrado de mi patria después de haber tenido el comando en Anfípolis", dice sin agregar un comentario sobre las circunstancias que lo confinaron en Tracia, pero agrega: "y estando en relación con ambos bandos, con los peloponesios aun más que con los atenienses, a causa de mi exilio, me hallé de ese modo en condiciones de observar serenamente el curso de los acontecimientos"[2]. Tucídides se retrata en este brevísimo pasaje. Su infortunio político sirve a sus designios de historiador, situándolo en la mejor atalaya para contemplar el conflicto, que él sabrá considerar sin apasionamiento y con objetividad, para establecer la verdad. Si, como es verosímil, es exacta su declaración, sus preocupaciones de cronista comenzaron con la guerra misma y se mantuvieron vivas durante su transcurso hasta que, luego de concluida, pudo volver a su patria tras su liberación por Trasíbulo. Debía frisar entonces en los sesenta años y no le faltaron energías para seguir trabajando en su magna obra con ánimo de concluirla. No le fue dado hacerlo, y cuando

---

1. Tuc., II, 65.
2. Tuc., V, 26.

murió –en los primeros años del siglo IV– sólo había llegado hasta los acontecimientos de 411, y no había podido retocar como solía el texto de sus últimos libros.

Tan severo consigo mismo como con los demás, el juicio de Tucídides está presidido por una inmarcesible ecuanimidad. Acaso se equivoque, pero su preocupación es siempre alcanzar un grado de objetividad capaz de asegurarle a su obra la perduración sin necesidad de ser enmendada por nuevas comprobaciones. Esa ecuanimidad tiene su precio. Sin duda carece su obra de ese encanto diverso y vivaz que caracteriza la de Heródoto y aún la de Jenofonte, y a veces fatiga esa severidad que procura hacer desaparecer al hombre tras el historiador. Mas, afortunadamente, Tucídides no lo consigue del todo. Su formalismo es sin duda severo y su afán de objetividad intenso y tenaz. Pero una búsqueda cuidadosa revela el hombre palpitante, aunque enmascarado tras una razón de la que se proclama la omnipotencia. Como en Sófocles o en Fidias, la pasión late también en el corazón de Tucídides, vigilada celosamente, eso sí, por una inteligencia diáfana y contenida por un designio inquebrantable de alcanzar la verdad objetiva. Parecerían escritas para definir a Tucídides estas palabras del *Fedro*: "de entre las demás almas, la mejor, siguiendo a los Dioses, consigue levantar la cabeza del auriga hacia el lugar fuera del cielo y, arrebatada por su circular revolución, a pesar de los caballos, llega a ver, aunque con dificultad, los seres en su realidad"[3]. Hay en su inteligencia una profundidad y una clarividencia inusitadas.

Nada más fácil –ni más peligroso– que haber dejado en libertad los resortes de la libre espontaneidad cuando se trataba de un tema como el que Tucídides se había propuesto, tema rigurosamente contemporáneo, cuyo proceso se desarrolla simultáneamente con el proceso de comprensión del historiador. Esto es, ciertamente, lo que hace el cronista o el periodista moderno. Pero Tucídides no es ni cronista ni periodista, sino historiador y de rara profundidad; de modo que constituye un esfuerzo gigantesco este propósito de elevarse por sobre los acontecimientos mientras están todavía en pleno desarrollo y, más aún, cuando el historiador

---

3. PLATÓN, *Fedro*, 248.

ha tomado parte en ellos y arrastra la pesadumbre de una actuación infortunada. Tucídides no es un mero erudito ni es tampoco un indiferente. Además, su destino personal está unido estrechamente al de su patria en la que era ciudadano eminente. Pero nada de todo eso consigue torcer su decisión de reprimir sus reacciones personales.

Para medir el alcance de esta decisión conviene tener presente la magnitud del conflicto que constituye el tema de Tucídides. La guerra del Peloponeso, desarrollada a través de varios episodios que él sistematizó dentro de un esquema unitario como un sólo conflicto discontinuo entre las dos grandes potencias de Grecia, fue un duelo violento entre Atenas, que había recogido el beneficio y la gloria de la guerra contra los persas y la Esparta predominante en el Peloponeso y celosa del vasto imperio que Atenas había organizado en el mar. Una radical oposición de concepciones separaba a los dos estados, y la alianza con uno u otro suponía la adhesión –voluntaria o involuntaria– a una de ellas. Fuera de las rutas marítimas, Esparta se mantenía obstinadamente como un estado continental apegado a los ideales aristocráticos, que defendía coercitivamente contra todos los estímulos y llamados de la realidad. Atenas, en cambio, había cedido a esos estímulos y había trasmutado los viejos ideales aristocráticos en una serie de fórmulas que se adecuaban a una realidad social en la que predominaba una concepción timocrática. Pero por sobre esta disidencia profunda los dos estados desarrollaron una vasta política de dominio que los había tornado en irreconciliables enemigos en cuanto a cabezas de dos vastas áreas políticas: el imperio marítimo de Atenas y el imperio continental de Esparta. Llegados a cierto punto de su desarrollo, el choque se hizo inevitable y en el año 431 se desencadenó la guerra.

Sobre este tema comienza a reflexionar Tucídides, acaso desde los primeros momentos del conflicto; pero aun si esto no fuera absolutamente exacto, es evidente que la lucha atrajo vehementemente su atención desde muy pronto y que ya por entonces comenzó a acumular los materiales para su posterior elaboración. Al finalizar lo que él consideró luego la primera etapa de la guerra del Peloponeso con la paz de Nicias (421), comenzó a escribir el relato, extendiéndose hasta lo que, en la dimensión actual, constituye el capítulo

25 del libro V. Y cuando se reanudó la guerra en 415, con la expedición ateniense a Sicilia, continuó la narración conduciéndola hasta donde pudo en sus últimos años –hasta 411– aun cuando seguramente tenía preparados ya los materiales para llegar hasta el fin.

La obra tiene, pues, dos partes, y el comienzo de la segunda está señalado por un segundo proemio que se encuentra en el capítulo 26 del libro V. La primera se inicia con un alegato acerca de la significación eminente de la guerra del Peloponeso y una exposición sobre el pasado de Grecia –a la que suele llamarse *Arqueología*– que constituye un brillante y comprensivo esquema de lo que se sabía con cierta verosimilitud en su época acerca del pasado helénico. Luego, tras explicar los antecedentes mediatos e inmediatos del conflicto, comienza el relato detallado de las operaciones militares y de sus repercusiones internas dentro de los distintos estados, explicadas algunas veces por medio de los discursos que el historiador pone en boca de los protagonistas de la vida política.

Las digresiones no abundan y están siempre estrechamente vinculadas al tema central; y cuando aparecen revelan la misma circunspección que el resto del texto, la misma precisa objetividad. Porque Tucídides –él mismo lo declara– no escribe para entretener o para agradar, como según él hicieron sus antecesores, sino que se propone ante todo ser útil. La posibilidad de ser útil proviene de su certeza de que hay una ley interna del desarrollo histórico, de tal modo que "puede esperarse que ocurran los mismos acontecimientos de la misma manera que han ocurrido en el orden de las cosas humanas"[4]. Su obra, dice, no debe ser apreciada, sino perdurable.

Para esto es menester que sea exacta y verdadera, y todo el esfuerzo de Tucídides está dirigido hacia la conquista de estas virtudes. La verdad y la exactitud constituyen su preocupación fundamental, con total renunciamiento a todo aquello que pudiera prestar al relato cierto colorido y hacerlo más grato al lector, si esto requiriera cierta desviación de la verdad o aun cierta paráfrasis sospechosa. No se arguya que son paráfrasis los discursos que Tucídides pone en boca

---

4. Tuc., I, 22

de sus personajes, porque sin duda están cuidadosamente trabajados para que sean psicológicamente exactos. Esta exactitud es a la que aspira Tucídides, que nos ahorra las demostraciones eruditas y las vicisitudes de las búsquedas porque no considera necesario agregar las pruebas de sus afirmaciones. Su verdad es intrínseca, y según ese punto de vista, sus discursos son verdaderos según su opinión, por lo demás ajustada a los criterios valorativos vigentes en su época. De todos modos, era inevitable este artificio, pues Tucídides necesitaba documentar explícitamente el trasfondo político del conflicto si, como se lo proponía, quería ser principalmente útil. Se sentía en posesión de una verdad antes inadvertida, en parte proveniente de la sofística pero elaborada y ajustada a las exigencias de la reflexión histórica, y estaba convencido de la conveniencia de que se difundiera su estricto criterio para la interpretación de los hechos políticos y militares. Éste es su designio cuando se propone escribir la historia de la guerra del Peloponeso, en la que ve desarrollarse de manera eminente un drama político cuyos secretos móviles residen en una constante de la naturaleza humana y cuyo desarrollo puede ayudar a la comprensión de ese y otros fenómenos semejantes.

Ese drama es el que suscitan los conflictos por el poder. La historia aparece a sus ojos como una constante reiteración de la competencia entre distintos estados que aspiran a la hegemonía. "En la discusión de los asuntos humanos –dice en un pasaje singularmente significativo[5]– la justicia sólo interviene allí donde es equivalente el poderío para hacerla valer". Fuera de estos casos –esto es, cuando el potencial de fuerza entre dos estados es diferente– la relación se establece según las fuerzas respectivas, con la inevitable sumisión del más débil al más poderoso. Pero cuando el potencial es equivalente, la justicia constituye una suerte de equilibrio inestable que, en cierto modo, se rompe para tentar un nuevo ajuste de acuerdo con la realidad de la fuerza.

Si se recuerda el sentido del discurso de Calicles en el *Gorgias*[6], la posición que adoptan en Melos los embajadores

---

5. Tuc., V, 89.

6. PLATÓN, *Gorgias*.

atenienses[7] se explica claramente. Tras el descubrimiento de la ley natural y su transferencia al orden de las relaciones humanas, surge el distingo entre naturaleza y ley y la subsiguiente afirmación de la preeminencia de la naturaleza, expresada en el citado diálogo de Platón bajo la forma de una defensa del derecho del más fuerte. La ley, esto es, la convención entre las partes erigida como norma, supone un renunciamiento de aquel que es capaz de sobreponerse a las situaciones de hecho en beneficio del que no es capaz. Si Atenas parece inicialmente dispuesta a negociar con los de Melos es en la certidumbre de que al final impondrá su voluntad. La guerra o la esclavitud son las únicas posibilidades que quedan a sus interlocutores. Tucídides reconstruye esta deliberación mediante un diálogo, quizás porque le parece revelador del sistema de fuerzas que actúa en el establecimiento de las relaciones entre estados. El débil debe someterse al fuerte por una razón superior a la moral y al derecho o mejor, más fuerte que la moral y el derecho; ésta es precisamente su observación fundamental, la que Tucídides quiere transmitir y con la que está seguro de ser útil: la dinámica de las relaciones entre estados está regida por el principio del equilibrio de poderes y de la lucha constante por la hegemonía.

Este punto de vista –y la importancia que Tucídides le atribuye– es el que opera la restricción de sus observaciones históricas dentro del plano puramente político. En lo fundamental son solamente los combates y las discusiones políticas lo que constituyen el tema de su obra. No sin razón se ha dicho alguna vez que falta en ella el reflejo del admirable esplendor de la Atenas de su tiempo, pero la observación no es tan exacta como suele creerse, porque el plano político, tal como Tucídides lo entiende, encierra mucho más de lo que hoy entendemos por él.

Si es cierto que Tucídides desarrolla el proceso de la vida histórica fundamentalmente en el plano político, no lo es menos que ha abandonado los circunscriptos límites que había impuesto la épica a la política y a la guerra. La guerra y la política no constituyen ahora meros episodios circunstanciales en que compiten dos héroes por una querella personal o

---

7. Tuc., V, 84 y ss.

en que chocan dos estados por un motivo fortuito. Los que compiten a sus ojos en una guerra son dos estados, esto es, las más altas expresiones de dos tipos de convivencia social, porque el estado es para Tucídides la forma suprema de la cultura: he aquí cómo recoge la herencia de Heródoto, circunscribiéndola y precisándola hasta someterla a formas estrictas.

En efecto, si Heródoto explicaba el conflicto entre griegos y persas como un choque entre dos formas de cultura y buscaba la peculiaridad de esos dos mundos en contacto a través de un haz de desorganizados elementos, Tucídides parte en el fondo de la misma actitud, pero se esfuerza por encontrar un módulo eficaz para precisar y definir qué cosa es la que revela la oposición irreductible. Dentro de una típica concepción griega —que proviene del sistema de los ideales aristocráticos, de la épica y del peculiar desarrollo de la realidad y las ideas políticas en Atenas durante los siglos VI y V—, Tucídides la descubre en el estado, forma eminente de la convivencia y expresión de la solidaridad de una colectividad en la que se resume una concepción de la vida, un conjunto de hábitos, de costumbres, de normas morales y legales, de tradiciones y, en fin, un programa de vida. El estado así concebido es, finalmente, todo. Predomina en él lo político, porque el rasgo eminente de esa concepción es, precisamente, la imagen del hombre bajo la especie de ciudadano; pero está implícito por debajo de lo político todo aquello que Heródoto buscaba al azar y señalaba de manera imprecisa sin diferenciar lo esencial de lo accesorio y lo permanente de lo perecedero. Analícense atentamente los discursos de Pericles[8], compárenselos con el discurso del embajador ateniense en Esparta[9] y el de los corintios[10], y se tendrá la certidumbre de que el estado ateniense es para Tucídides —como él le hace decir a Pericles— la alta escuela de la Hélade. Y esto es lo que supone la oposición entre dos estados: dos formas de vida y de cultura que buscan superarse recíprocamente, porque el que deja de aspirar a la hegemonía se condena fatalmente a la sujeción.

---

8. Tuc., II, 35-46 y II, 58-60.

9. Tuc., I, 73-78.

10. Tuc., I, 68-88.

Por esta vía se encamina Tucídides hacia una filosofía de la historia –formulada tan vagamente como se quiera–, que madurará poco a poco y adquirirá categórica expresión en Polibio. El hombre aparece ahora a sus ojos con los rasgos que ha desentrañado la indagación psicológica y social de los sofistas: es un ser egoísta que tiende a afirmar su preeminencia y al que mueven ante todo sus impulsos primigenios. Si rastreamos los términos del pensamiento de Polibio en la tradición historiográfica de Grecia, descubriremos que todos están ya implícitos en el enfoque de Tucídides. Esa naturaleza del hombre se trasunta en los conjuntos sociales y los impregna de la misma voluntad de dominio hasta tornar imposible una coexistencia sin ajuste de las relaciones de poder. De aquí su concepción de la dinámica de las relaciones entre estados, y de aquí la significación atribuida a lo político, más vasta que la que hoy nos sugiere el vocablo, y cuyo alcance se explica refiriéndolo a la noción conquistada por Heródoto de las concepciones culturales.

Así se explica el realismo, a veces brutal, de Tucídides, a quien no puede satisfacer ya todo el conjunto de vagas invenciones con que tradicionalmente se explicaba el desarrollo de la vida histórica. Si aparentemente no entran en su sistema explicativo los factores económicos es porque están implícitos en su concepción del poder, que él imagina en relación estrecha con la riqueza y el desarrollo técnico. Sólo que ese realismo tiene importantes limitaciones; a fuer de historiador sagaz y a pesar de que hay en su espíritu una veta generalizadora que lo impulsa a veces hacia una filosofía de la historia, Tucídides no descarta otras influencias que, formando parte de la realidad como él observa muy bien, no provienen de la realidad natural sino de la realidad espiritual y acusan un carácter singular. Tucídides imagina el Estado como un sistema de formas en el que se expresa una cultura, pero no deja de advertir dos factores que, por cierto, aprecia con notable justeza: las ideas y las personalidades directrices.

Acaso sea el desprecio que le merece la figura de Cleón o la irritación que produce en su ánimo ponderado la alocada genialidad de Alcibíades lo que exalta a sus ojos las figuras de Temístocles y de Pericles. En ambos ve Tucídides la genuina cepa del político de gran estilo, esto es, del conductor que conoce y estima el caudal material y espiritual que constituye la carne y la sangre de esa abstracción que es el estado, y que es capaz de jugarlo con esa imponderable mezcla de audacia y de prudencia que asegura la victoria y perfecciona la conquista. Personalidades de este tipo introducen en el decurso histórico una dimensión que no puede apreciarse con la vara de los recursos normales del estado, pues su grandeza multiplica las posibilidades de modo insospechado. Pero junto al político previsor, inteligente y desinteresado está el político mezquino y superficial que juega lo que constituye el caudal de la comunidad con la irresponsabilidad del tahur. La aparición de uno u otro, su accidental intervención en una circunstancia decisiva, no es previsible ni responde a regla alguna sino que es hija del azar, como era hija del azar la popularidad que por distintos motivos alcanzaron Cleón o Alcibíades. Y sin embargo, en el curso del desarrollo histórico la acción de uno u otro es decisiva en uno u otro sentido. Considérese el medido pero magnífico elogio de Pericles al dar cuenta de su muerte[11] y se apreciará el valor que Tucídides otorga a la personalidad individual, sobre todo a la luz de la conducta de sus sucesores. En una democracia, señala, hay quien se acomoda a los impulsos de la mayoría para asegurarse la popularidad y quien, por el contrario, es capaz de adoptar una actitud pedagógica frente al pueblo para tratar de canalizar sus impulsos hacia objetivos definidos, claramente expuestos e inobjetables tanto desde el punto de vista político como del moral. Entonces la personalidad singular ejerce una acción inestimable en defensa del permanente patrimonio común, en tanto que en caso contrario se compromete el destino de la colectividad.

En el fondo Tucídides admira la inteligencia, la sagacidad, la previsión, todo aquello que es atributo de una personalidad intelectual y moralmente superior. Pero sobre todo cree en las ideas y en la educación. Como para los sofistas, las ideas parecen poseer a sus ojos la propiedad de imponerse al espíritu por la virtud del razonamiento justo. Y esas ideas pueden modificar los impulsos y transformarse a su vez en fuerzas. Desde entonces constituyen una parte de la

---

11. Tuc., II, 65.

realidad y obran como elementos de ella con tanto vigor y tantas posibilidades como las más imperiosas necesidades de las napas elementales de la realidad material. Discípulo de los sofistas, la formación de una conciencia en el seno de las asambleas públicas parece ser a sus ojos una de las fases fundamentales en la vida de un Estado, porque en virtud de esa conciencia se desencadena luego la acción. Realismo hay, pues, en Tucídides, pero a condición de que se incluyan en el mundo de la realidad, como es justo, las ideas que se transforman en fuerzas y la fuerza de las personalidades que agregan su imponderable soplo de azar al curso de la historia.

Por aquí descubrimos la otra faz del espíritu de Tucídides. Si algunas veces lo hallamos inclinado hacia la filosofía de la historia, otras lo encontramos orientado hacia el campo estricto de la historia empírica. Porque para Tucídides el punto de partida de la actitud histórica es una radical y enérgica conciencia del presente, que solo por inexplicable error se le ha reprochado alguna vez como forzosamente unida a cierto menosprecio por el pasado. Es cierto que, cuando se trata de medir la significación del momento contemporáneo y en particular la de la guerra del Peloponeso, Tucídides la compara con el pasado y observa que hay más intensidad y más elementos en juego en el proceso que tiene ante sus ojos. Pero no es subestimación del pasado, sino, todo lo más, equivocada estimación de uno y otro, y aun esto según cierto criterio tan discutible hoy como en las postrimerías del siglo v. Por el contrario, sin el pasado carece de sentido el fenómeno contemporáneo; solo que Tucídides, a fuer de historiador de raza discrimina certeramente lo que podríamos llamar el pasado vivo del pasado inerte, precisamente porque su punto de partida es una aguda percepción histórica del presente inmediato.

Pasado inerte, esto es, un pasado que apenas se enlaza con los fenómenos contemporáneos, es todo aquel que se extiende desde los remotos orígenes hasta la época del ascenso de Atenas después las guerras médicas. De él se ocupa el fragmento conocido con el nombre de *Arqueología*[12], y que no habrá quien no esté de acuerdo en que, en efecto una

---

12. Tuc., I. 2-19.

sistematización del proceso de la guerra del Peloponeso, concebida por un espíritu acuciado por las perspectivas que se entreveían, no puede partir sino de la situación creada tras la guerra con los persas. El período comprendido desde que ésta termina hasta el desencadenamiento del conflicto entre Atenas y Esparta constituye en cambio un pasado vivo, actuante, preñado de explicaciones válidas para entender lo que ocurría en su tiempo, y por eso Tucídides le dedica larga atención, enfocándolo por cierto con rara madurez. A quienes exaltan el valor del relato sobre la expedición a Sicilia convendría recordarles la significación que tiene el fragmento sobre ese pasado vivo[13] como comprobación de la capacidad de Tucídides para reducir a sus líneas fundamentales un proceso histórico, esfuerzo intelectual que suele ignorarse o subestimarse una vez que el esquema logrado se hace familiar. Complétese ese fragmento con los discursos señalados más arriba y se verá cuán intensa y fecunda ha sido esta reflexión sobre el curso de la historia ateniense en su relación con los demás estados griegos, que ha logrado construir ciertos esquemas intelectivos casi indestructibles, a condición de que no olvidemos cuál es el alcance que lo político tiene para Tucídides.

Si estos aspectos nos muestran la calidad de Tucídides como intérprete del proceso histórico, otros pondrán de manifiesto su rara calidad de expositor. Desde este punto de vista, en efecto, sí puede decirse que los libros VI y VII, en los que relata la expedición a Sicilia, merecen ser considerados como los de más alto valor. Pero es menester no olvidar que en ellos se revelan precisamente las aptitudes del cronista y del escritor. El historiador, discutido precisamente en lo que tiene de más genuino, se descubre en cambio allí donde tiene que reflexionar sobre materia virgen; y allí lo vemos operar con profundidad y rigor, con ese señorío de la inteligencia de que no puede estar desprovisto quien pretenda moldear la sustancia histórica compleja y multiforme.

Sobre esa sustancia tiene el historiador el deber primario de hincar la mirada para determinar exactamente los hechos. En esta etapa se advierte en Tucídides una indiscutible maestría, que ha constituido —indebidamente en mi

---

13. Tuc., I, 89-118.

opinión– su mayor mérito a los ojos de los historiadores que lo han seguido. Tucídides ha revelado ciertamente un extraordinario esmero en la indagación de los hechos, buscando los datos más precisos y agotando hasta donde podía las exigencias críticas. De ese modo ha alcanzado un alto nivel de exactitud, que ha podido comprobarse en los últimos tiempos mediante el análisis de las inscripciones, casi todas las cuales corroboran las afirmaciones del historiador[14]. No conocemos exactamente las peculiaridades de su método, aunque sospechamos que ha tenido corresponsales que le proporcionaban noticias obtenidas en fuentes directas, cuyos datos sometía luego él a comprobación por otras vías. Pero Tucídides no nos dice nada acerca de ésto y nos ahorra la discusión razonada de las fuentes. Se conforma con darnos su verdad, pues no entraba dentro de los hábitos eruditos de la época la exhibición del andamiaje documental.

Esa verdad provee a su construcción intelectual de una solidez imbatible. Si a veces resulta fatigosa la lectura por la prolijidad del relato, en algún episodio del que acaso podrían bastarnos menos detalles, la *Historia de la guerra del Peloponeso* conserva toda su grandeza y todo su brillo merced a la noble calidad de los materiales con que está construida y a la clásica sobriedad de su arquitectura de justas proporciones. La línea de los historiadores clásicos griegos asciende con él hasta su más alto punto, aun cuando pueda decirse que la retórica, que la desviará más tarde, apunta ya en él levemente, mas de modo inequívoco. Se pretendió imitar su ejemplo, y frecuentemente sólo se remedó su fisonomía exterior, pues se necesitaba una rara combinación de inteligencia y saber para lograr lo que él había alcanzado. Hasta Polibio, que puede ser llamado el último historiador griego, no volverían a aparecer reunidas ambas virtudes.

---

14. Véase el estudio preliminar de la edición inglesa de *Tucídides* de BENJAMÍN JOWETT, Oxford, 1900, y EDUARD SCHWARTZ, *Das Geschichts-werk des Thukydides*, Bonn, 1929, quizá el mejor estudio moderno sobre el historiador de las guerras del Peloponeso.

❧ CAPÍTULO SEXTO ❧

Los historiadores del siglo IV

El leve acento retórico que apunta en Tucídides de manera casi imperceptible adquirirá con el tiempo una insospechada intensidad y llegará a ser la característica predominante de la historiografía del siglo IV. En mayor o menor escala, desenvuelta con mayor o menor maestría, la retórica invadirá la esfera de la historia hasta teñirla con sus colores falsos y brillantes. Pero no nos extrañemos. En la segunda mitad del siglo V la retórica comenzó a influir sobre todos los sectores del pensamiento griego, especialmente en Atenas, y su predominio fue incuestionable en el siglo IV, a pesar de los esfuerzos de algunos espíritus profundos. Ese fue el triunfo de los sofistas, una escuela de pensadores de rara inteligencia y sorprendente capacidad analítica, aunque viciada por la debilidad de los contenidos de su doctrina.

En cuanto a algunas de sus ideas fundamentales, los sofistas podían considerarse herederos de ciertos pensadores griegos que habían insinuado algunos principios que ellos supieron conducir hasta sus últimas consecuencias. Pero fueron las circunstancias de la realidad las que estimularon su actividad y contribuyeron a su prestigio. En el seno de los estados democráticos la elocuencia se transformó en la más poderosa palanca para mover la voluntad de las asambleas, y si algunos dominaron sus secretos espontáneamente –como Perícles o Temístocles–, fueron muchos los que aspiraron a aprenderlos para poder alcanzar altas posiciones políticas.

Los sofistas comenzaron como profesores de elocuencia o, más exactamente, de retórica, disciplina que empezaba por enseñar a ordenar las partes del discurso y concluía proveyendo al principiante de los vastos recursos aconsejados por la experiencia al orador político o forense. Por eso fue inmenso su éxito, especialmente en Atenas, a la que llegaron numerosos sofistas de origen extranjero –como Protágoras y Gorgias– para difundir sus enseñanzas entre los jóvenes de familias poderosas. Desde entonces la oratoria constituyó una preocupación fundamental de los ciudadanos que aspiraban a sobresalir, y ciertas modalidades de estilo que la retórica entrañaba comenzaron a filtrarse en todas las formas de la literatura. Gorgias había establecido los cánones del discurso demostrativo, y así como la elocuencia siguió esa línea, otras formas del pensamiento y la expresión comenzaron a encarrilarse dentro de los típicos esquemas del alegato, y entre ellas la historia.

Pero el mensaje de los sofistas no se limitaba meramente al estilo. Acompañaba a la retórica una actitud espiritual singularísima que los sofistas impusieron poco a poco como un hábito mental, como un esquema del pensar diferente del que constituía la tradición intelectual de Grecia. El instrumento del raciocinio sirvió para vulnerar el fondo del sistema de las convicciones patrias y conmover sus fundamentos. De aquí su inmensa significación y la importancia que la sofística tuvo en el desarrollo espiritual de Grecia.

Si la costumbre obligaba a recurrir a la elocuencia para convencer de cierta verdad a un auditorio, las necesidades y las conveniencias insinuaban la posibilidad de utilizarla como instrumento de convicción aun cuando el objetivo a demostrar no fuera ciertamente una verdad. El sofista empezaba entonces por preguntar qué cosa era la verdad, y demostraba que no existía con caracteres absolutos, sino tan sólo de modo relativo. "El hombre es la medida de todas las cosas; del ser de las que son y del no ser de las que no son"[1], decía Protágoras. Lo que es verdadero para otros puede no serlo para mí si consigo probarlo, y en este caso puedo trasmitir mi opinión a mi interlocutor mediante el razonamiento sutil. Si la mayoría llega a coincidir con mi

---

1. PLATÓN, *Teetetos*, 151.

opinión, mi opinión termina por constituir una verdad social —no ya meramente individual—, pues sólo es tal aquella que comparte la mayoría. Así llegaron los sofistas a inculcar un radical escepticismo en el espíritu griego, que no pudieron vencer los denodados esfuerzos de los socráticos.

Porque quien descubría que el instrumento demostrativo era apto para establecer la verdad de una afirmación cualquiera, sentíase tentado de probar su eficacia sobre el conjunto de las convicciones tradicionales que constituían el patrimonio común de la colectividad. Ahí estaban las creencias religiosas, las normas morales, los principios donde reposaban las instituciones sociales y políticas. Sobre todo ello podía reflexionarse, desarrollarse un criticismo despiadado y probar su debilidad o su error. A esta labor se lanzaron los sofistas. El respeto religioso que ataba la lengua de Heródoto o inmovilizaba a los personajes de Esquilo comienza a parecer un prejuicio indigno de personas inteligentes y en substitución de ese sentimiento se desarrolla una extraordinaria capacidad de análisis y una despreocupada audacia para abordar las cuestiones últimas. En los dioses comienza a verse una personalidad humana transmutada por la leyenda, en las normas morales y en los principios del orden político social un conjunto de reglas convencionales establecidas en determinado momento y provenientes de ciertas situaciones de hecho consagradas por el uso y recubiertas luego por una doctrina apropiada para defenderlas de la crítica por medio de un mágico temor. Todo eso, que parecía el más sagrado patrimonio de la colectividad, no pertenecía, a los ojos de los sofistas, sino al plano de la ley, según un distingo que alcanzó extraordinaria boga[2]. Pero para los sofistas sólo la naturaleza logra imponerse al fin, porque sus designios son permanentes y sus impulsos poderosos, mientras que lo que tan solo de una convención, un pacto o una ley es removible, puede ser legítimamente sometido a crítica y reemplazado finalmente por otra ley o convención si nuevas situaciones reales dan el triunfo a otros grupos a los que no convienen las anteriores. Sólo el más fuerte goza de un derecho inalienable que proviene de la naturaleza, y es justo que procure romper las trabas con

---

2. PLATÓN, *Georgias*.

que lo constriña la ley, como lo sostuvieron en sus discursos Calicles y Trasímaco[3].

Este criticismo relativista entrañaba una concepción revolucionaria, y acaso motivó el retorno al tradicionalismo de algunos espíritus profundos pero temerosos del nihilismo sofístico. Su esfuerzo lograría a algunos frutos en lo futuro, pero de primera intención se vió frustrado, en cambio triunfaron los sofistas, cuyo ágil pensamiento correspondía fielmente a la situación contemporánea. Porque, en efecto, la filosofía que enseñaban emergía de la realidad, preanunciaba y estimulaba al mismo tiempo la aguda crisis en que naufragaban las *polis* griegas, y ofrecía soluciones que parecían eficaces a muchos a quienes conturbaban las circunstancias dominantes.

En efecto, con ese planteo criticista y relativista respondían a una inquietud universalista que latía en el ánimo griego y que había mantenido sujeta la actitud y el pensamiento clásico. La unidad del mundo griego constituía una verdad incontrovertible para Gorgias, y la proclamaba enérgicamente aun cuando hiriera los estrechos particularismos tradicionales de los estados griegos, que algunos conflictos invitaban a acentuar. Pero ese cosmopolitismo era en los sofistas aun más agudo porque, reconociendo tan sólo al hombre individual como última realidad, tendían a disolver potencialmente hasta los antiguos límites señalados a la conciencia griega por su tradicional querella con los bárbaros. El hombre era, como ser racional, la última instancia, y sólo a él podía referirse todo sistema moral y todo orden social y político. Nada había, pues, que resistiera a los embates de la sofística de lo que constituía la realidad del mundo griego en las postrimerías del siglo V y los primeros tiempos del IV.

La influencia de la sofística apunta de manera superficial en Tucídides, que sin embargo mantiene inalterablemente lo fundamental de las convicciones tradicionales. Pero tan leve como sea, debe advertirse que no aparece solamente en algunas modalidades de su estilo – como su predilección por los discursos y su vigilancia de la forma literaria– sino también en una napa más honda, que nutre su imagen del

---

3. PLATÓN, *Georgias, y República*. I, XII.

hombre y su concepción del desarrollo histórico. El criticismo sofístico parece haber hecho mella en él y la historia se insinúa como un dominio propio del hombre sin intervención de los dioses y sujeto a las duras determinaciones del individuo concebido como ser natural. Con ser mucho, no ha pasado de allí, sin embargo, la influencia de los sofistas sobre Tucídides. En sus sucesores, en cambio, influirá de manera más honda, y se manifestará todo el poder de su acción desintegradora.

Dependen, en alguna medida, de la propaganda sofística los *atidógrafos*, para quienes la historia es esencialmente alegato. Si alguno de los viejos logógrafos como Helánico de Metilene, contemporáneo de Heródoto, ha emprendido ya la tarea de relatar el pasado de Atenas, es en la segunda mitad del siglo V y sobre todo en el curso del IV cuando abundan los apologistas de la ciudad ática, como Clitodemos, Fanodemos, Demón, Istros, Androtión y Filócoro. Poco sabemos de ellos, pues no conservamos sino fragmentos, pero son suficientes para adivinar el discurso apologético, obra del amor y de la propaganda.

Pero en quien se proyecta la sofística de manera inequívoca es en Isócrates, que por diversas razones merece un lugar dentro del panorama del pensamiento histórico. Nacido en Atenas en 436, Isócrates florece en los primeros años del siglo IV, en circunstancias particularmente críticas para el mundo griego. La pesada hegemonía lacedemonia había sucedido al primado de Atenas, y ponía ya de manifiesto los peligros que entrañaba. Una sensación de malestar cundía entre los griegos, algunos de los cuales se lanzaron contra Esparta en 395, en un esfuerzo infructuoso por sacudir su yugo, con la ayuda de Atenas, que resurgía y renovaba poco a poco el sistema de sus antiguas alianzas. Mientras hacía frente a esta sublevación general contra su autoridad –tras la que veía la sombra de la Atenas democrática–, Esparta trataba de decidir en su favor la lucha contra Persia, para fortalecer su posición, apoyándose en los ciudadanos del Asia griega. Pero la guerra sobre tantos frentes superaba las fuerzas de los lacedemonios, y, en un rapto de desesperación –y de reveladora opción por una de las formas políticas en juego–, Esparta decide pactar con el Gran rey, mediante una negociación que emprende Antalcidas en 387. Al año siguiente, Artajerjes dicta a los griegos sus condiciones de paz en un documento insolente, e injustificado a la luz de la experiencia recogida por los mercenarios griegos que habían luchado en favor de Ciro, y cuyas noticias circulaban a través de la *Anábasis* de Jenofonte. Persia, en efecto, era débil y casi impotente, pero se sentía con fuerzas para imponerse a los griegos, a los que veía divididos y dentro de cuyo frente contaba ahora con la ayuda de Esparta. El sentimiento nacional se exaltó entonces confundido en un sentimiento pro ateniense.

En estas circunstancias abre Isócrates su escuela en Atenas. Discípulo de Pródico y de Gorgias, a quien había escuchado en Tesalia, Isócrates se había asimilado lo fundamental de la nueva actitud intelectual de los sofistas, aun cuando conservara todavía intactos algunos puntos de vista que correspondían a la tradición clásica de Atenas. Sin aptitudes para la política activa decidió intervenir indirectamente en ella, influyendo sobre la opinión por medio de sus discursos ficticios y conformando la mentalidad de sus discípulos, a los cuales comenzó por atraerse destacando la diferencia que existía entre su enseñanza y la de los sofistas, en un discurso que tituló *Contra los sofistas*. Apenas podemos señalar a través de todo el discurso algún matiz que denote la diferencia entre ambas escuelas Y sin embargo descubrimos en Isócrates un acento que efectivamente, justifica su disidencia, pese a la admiración que sin duda suscitaba en su espíritu el brillante talento de Gorgias. Porque Isócrates se había asimilado plenamente la aptitud para la retórica de sus maestros y aun algunos de los hábitos mentales que la acompañaban, aun cuando había permanecido firmemente arraigado en ciertas convicciones típicamente atenienses entre las cuales se destacaban netamente dos ideas: la de la superioridad de los griegos sobre los bárbaros y la de la superioridad de Atenas sobre los demás estados griegos.

Sobre estas convicciones girará su pensamiento, del que decide hacer activa propaganda a través de un tipo de discurso que, siguiendo las huellas de Gorgias, perfeccionaría bajo la forma del discurso "helénico-político". Gorgias, en efecto, había compuesto en 392 su famoso *Discurso olímpico*, en el que incitaba a los griegos a la unión y a la lucha común contra Persia. Isócrates volverá sobre el tema con un acento específicamente ateniense y con una intención moralizadora, a cuyo servicio pondría no sólo todos los recursos de su arte sino también cierto calor y cierto orgullo nacional que no podía nacer sino en Atenas.

Un anticipo de sus opiniones aparece ya en el discurso titulado *Elogio de Elena*. El orador hace allí alarde de sus vastos recursos retóricos y halla formas nuevas y casi poéticas para exaltar la belleza de Elena y lo que acaso podría llamarse su misión. Porque Elena –y su nombre parecía confundirse con el que designaba a la raza– podía ser considerada en cierto modo como "causa de que no hayamos llegado a ser esclavos de los bárbaros. Gracias a ella vemos a los griegos unidos en un mismo sentimiento, organizar un ejército común contra los bárbaros y a la Europa levantar por primera vez un trofeo de victoria sobre el Asia"[4]. Aparece así el viejo tema señalado en Heródoto, retomado ahora para preparar su más vasto desarrollo en el *Panegírico*; y al mismo tiempo, al señalar el amor de Teseo por ella, el orador introduce un largo e intencionado elogio del héroe, al que transfiere los elementos fundamentales de su exégesis del derecho de Atenas a la supremacía en virtud de cierta sabiduría política que, con notorio anacronismo, adscribe al legendario unificador del Ática: "porque no obraba como los otros soberanos: no imponía los sacrificios a los otros reservándose sólo el goce de los placeres; por el contrario, tomaba sobre sí los peligros y distribuía los beneficios entre todos, poniéndolos en común. Pasó su vida no en medio de asechanzas sino entre testimonios de afecto; salvaguardó su autoridad no por medio del apoyo de una fuerza extranjera sino custodiado por la benevolencia de sus compatriotas; era dueño del poder por su fuerza, pero era el guía del pueblo por sus beneficios. Gobernó su patria con tal respeto por las leyes y tal espíritu de equidad, que aun hoy la huella de su dulzura permanece visible en nuestras costumbres"[5].

He aquí anticipados los dos puntos fundamentales del *Panegírico*, publicado poco después, en 380, y en el que Isórates organiza su visión del pasado griego, sin duda ninguna en función de la situación contemporánea. Su punto

---

4.   ISÓCRATES, *Elogio de Helena*, 67.

5.   ISÓCRATES, *Elogio de Helena*, 36-37.

de partida es la necesidad de la guerra inmediata contra los persas[6]; pero a poco que analicemos su argumentación descubriremos que, aun cuando Isócrates exalta las ventajas que en ese momento tendría la operación militar a causa de la debilidad de los persas, lo que constituye el motivo fundamental de su apremio es la necesidad que descubre de hallar un objetivo que, unificando la voluntad de los griegos, favorezca y consolide su unidad nacional por encima de los peligrosos localismos.

En el *Elogio de Elena* se regocijaba Isócrates evocando el espectáculo de la unidad de los griegos durante la guerra de Troya. Ahora, al contemplarlos divididos y aun a algunos pactando con el enemigo secular para obtener su apoyo contra los otros, intenta dramatizar la imagen de aquella lucha afirmando una suerte de fatalidad histórica para provocar una situación análoga entre los griegos de su tiempo. "Es imposible tener una paz segura si no hacemos en común la guerra a los bárbaros; imposible llevar la concordia a los griegos antes de que hayamos obtenido nuestras ventajas de las mismas fuentes y nos hayamos expuesto al peligro contra los mismos"[7]. Los términos, pues, se han invertido. Si antes la unión nacional permitía la reacción espontánea y unánime contra los bárbaros, ahora una acción provocada contra los bárbaros debía servir de freno a la disgregación que amenazaba al mundo griego. Sólo parecía necesario reavivar el sentimiento panhelénico, enturbiado por el recuerdo de largas rivalidades y los agravios que en el transcurso de las luchas se habían inferido unos estados a otros. Para lograrlo se requiere –parece pensar Isócrates– liberarse de ese estrecho criterio localista, determinado por intereses mezquinos y subalternos, y recobrar el claro sentimiento de la unidad profunda de los griegos, derivada no de las determinaciones políticas sino de algo más hondo y perdurable: la común concepción de la vida, la cultura común. Isócrates lo señala con un matiz singularísimo, sobre el que conviene reflexionar: "nuestra ciudad se ha distanciado tanto de los otros hombres por el pensamiento y la palabra, que sus discípulos han llegado a ser maestros de las otras ciuda-

---

6.   ISÓCRATES, *Panegírico*, 167.

7.   ISÓCRATES, *Panegírico*, 173.

des; ella ha hecho que se emplee el nombre de los griegos ya no como el de la raza sino como el de la cultura, y que se llamen griegos más bien a las gentes que participan de nuestra educación que a aquellos que tienen el mismo origen que nosotros"[8]. Dejemos de lado la significación atribuida a Atenas, sobre la que volveremos después, y detengámonos en la idea de la cultura que desarrolla; Isócrates procura estimular la unidad de los griegos destacando no la identidad de la raza sino la identidad cultural; a la circunscripción de la idea de cultura propia de Heródoto que realiza Tucídides, sucede ahora una nueva formulación, según la cual consiste en una peculiar concepción de la vida que no es, empero, necesariamente patrimonio exclusivo de ciertos individuos caracterizados por su origen, sino que, expresada por medio de ciertas formas de vida y ciertos ideales, puede ser asimilada por cualquiera y ostentarse luego con justo título. La cultura, pues, se adquiere por obra de la educación, se conquista, se aprenden sus principios, y una cualquiera de sus formas puede ser preferida y adoptada por el individuo, a pesar de las determinaciones naturales o convencionales que lo constriñan. Los griegos lo son, en consecuencia, sobre todo por su beligerante adhesión a cierta concepción de la vida, y podría decirse que se es más griego mientras más ferviente sea esa adhesión.

Entonces adquiere todo su sentido la afirmación de que Atenas se ha distanciado tanto de los otros hombres por el pensamiento y la palabra, que sus discípulos han llegado a ser maestros de las otras ciudades". Este mérito confiere a Atenas la más alta perfección y la promueve hacia un lugar destacadísimo en la pugna por la hegemonía que suscita el problema de la unidad de los griegos y su lucha contra los bárbaros.

Porque esta lucha no podría ser ahora, como antes, espontánea y libre, sino que requiere la dirección de un estado capaz de nutrir el sentimiento panhelénico. Isócrates no vacila al elegirlo. Desde la situación presente, parece inmensa la responsabilidad de los lacedemonios en la recuperación que han logrado los persas de sus antiguas posiciones[9]; y esos

---

8.   ISÓCRATES, *Panegírico.* 60.

9.   ISÓCRATES, *Panegírico.* 122.

atenienses, que comenzaban a reponerse de las calamidades sufridas y a adquirir nuevamente su antiguo prestigio, parecían los más indicados para colocarse a la cabeza de los griegos unidos en un solo haz.

Un largo alegato dedica Isócrates a exaltar la grandeza y los derechos de Atenas[10]. Se ha dicho que en cierto modo, constituye una larga paráfrasis del discurso que Tucídides pone en boca de Pericles, y acaso lo sea por algunos de los temas utilizados. Pero en Isócrates se advierte la vibración de una situación espiritual muy distinta. Tucídides contemplaba a Atenas todavía triunfadora, e Isócrates tenía, en cambio, que justificar sus errores, explicar su derrota y renovar sus promesas; pero poseía en cambio un nuevo y poderoso argumento para lanzar al ágora panhelénica: la grandeza intelectual de Atenas, su soberano prestigio en el campo de la cultura que Isócrates exaltaba ahora como un valor supremo.

A esta actitud lo conducía su formación sofística, que le permitía volver a tomar, ampliándola y circunscribiéndola a su tiempo, la vieja tesis de Heródoto. La cultura es para él, como para el "padre de la historia", una concepción de la vida; pero ni le parece inasible ni le parece susceptible de ser encerrada dentro de un estrecho conjunto de formas fijas, como aparecía en Tucídides; para él, se trasuntaba en un conjunto de formas vivas nutridas por un sistema de ideales y que podían ser transmitidas a medida que se lograba la asimilación de esos ideales por la vía de la inteligencia. Así podía estar Isócrates, más que contra las nacionalidades, por encima de ellas, pues imaginaba una cultura intelectual común que las desbordaba, tornándose en patrimonio de todas aunque llevara el imborrable sello del genio ateniense.

Hay, pues, en la obra de Isócrates una aportación valiosa en el terreno de la conceptuación histórica en cuanto reordena el pasado helénico en función de una nueva experiencia y en cuanto perfecciona y circunscribe la noción de círculo cultural, a cuyo alrededor gira todo el pensamiento histórico griego. En cambio su obra significa un retroceso en relación con Tucídides en cuanto a la técnica erudita, pues ni sus métodos de investigación ni sus criterios de verdad pueden

---

10. Isócrates, *Panegírico*, 21-91.

equipararse a los que utilizara aquél. Una ola de retórica barría por entonces con el espíritu crítico griego.

Lo firme en Isócrates eran algunas convicciones tradicionales. Su ideal de la unificación griega bajo la autoridad de Atenas comenzó a parecer ilusorio a muchos mientras él lo defendía apasionadamente; e Isócrates supo discriminar los dos elementos que lo integraban para asegurar el triunfo del que le importaba más: así renunció a la ilusión de la hegemonía ateniense y buscó otra cabeza para la acción panhelénica, que consideraba imprescindible. Jasón de Feres; Dionisio de Siracusa, Nicocles y Arquidamos le parecieron sucesivamente los candidatos verosímiles, hasta que finalmente se encontró con que Filipo de Macedonia se había hecho dueño de los destinos de Grecia. Pero Isócrates resistió al encanto de una unidad lograda por la fuerza. Imprecó al macedonio, tratando de que dirigiera sus miradas hacia Persia, recordándole además que el verdadero objetivo de su política debía ser la unidad de los griegos en la paz y la colaboración mutua. Poco después de Queronea, en 338, murió Isócrates casi centenario, luchando siempre por una idea que comenzaba ahora a realizarse de manera harto distinta de la que él imaginara.

Si Isócrates no fue estrictamente un historiador, es innegable que su pensamiento giró constantemente alrededor de los temas históricos y que desarrolló algunas ideas notables en ese campo. La historia le atraía y constituía casi exclusivamente la materia de sus discursos. Por eso incitó a sus discípulos a cultivar esa disciplina, y dos de entre ellos lo hicieron con particular brillo en la segunda mitad del siglo IV: Eforo y Teopompo.

De diversas aptitudes y tendencias, Eforo y Teopompo recibieron las ideas fundamentales de su maestro. "Solía espolear a Eforo —recuerda Cicerón[11]— y tirar de la rienda a Teopompo, porque contenía a uno, que traspasaba todos los límites en la audacia de sus expresiones, y estimulaba al otro, que era tímido y dubitativo". No sabemos de ellos mucho más, pues sólo conservamos fragmentos de sus obras, aunque de Eforo poseemos indirectamente todo lo que Diodoro vertió en su obra y acaso la *Helénica* de Oxyrhinchus que

---

11. CICERÓN, *Del Orador*, III. 4.

algunos críticos se inclinan a creer que le pertenezca. Por los comentarios de Polibio y Diodoro, así como por lo poco que está a nuestro alcance, se advierte que predominaba en ellos la tendencia retórica que les inculcó Isócrates, sin que por eso descuidaran la búsqueda minuciosa de datos. Sabemos que Eforo consultó cuidadosamente todas las fuentes accesibles, inclusive las no literarias, y que Teopompo realizó largos viajes y abundantes investigaciones para enriquecer sus conocimientos. Pero la retórica viciaba el sentido crítico y el conjunto resultaba empobrecido desde el punto de vista de la veracidad; no son, sin embargo, desdeñables ciertos aspectos de su obra, que conviene destacar.

A Eforo le encomendó Isócrates que se ocupara de la antigüedad, y su historia, en efecto, se extendía desde la vuelta de los Heráclidas hasta el sitio de Perintio en 340. Dentro de esos límites traza Eforo una historia universal, cuya sola idea suscitó la admiración de Polibio[12]. Esta concepción renovadora dependía del planteo de Isócrates y correspondía al esclarecimiento del proceso histórico de Grecia, obtenido a la luz de las circunstancias de su tiempo. Un tratamiento sistemático, no cronológico, servía a sus fines y prepararía el terreno para el vasto intento de Polibio. Por su parte, Teopompo recibió la misión de ocuparse de la historia contemporánea, y aunque continuó la obra de Tucídides con una *Helénica*, su escrito fundamental fue una *Filípica*, en la que intentó organizar la historia del pasado inmediato alrededor de la figura del conquistador macedónico. De Isócrates provenía también la idea de que la unidad de los griegos constituía el hecho decisivo de su tiempo, y Teopompo, a quien no preocupaban las reticencias de su maestro porque era un aristocratizante y declarado enemigo de la democracia, se regocijaba observando el antiguo ideal panhelénico en la sabia política de Filipo.

Triunfaba así, a través de insospechados caminos, la enseñanza de los sofistas con el bagaje de ideas que acompañaba a la preocupación por la retórica. Pero no sólo triunfaba por ese camino. Por otro muy distinto, y en el que se disimulaban las huellas, triunfaba también a través del otro historiador de la época, Jenofonte apenas diez años menor que Isócrates

---

12. POLIBIO, *Hist.* V, 33.

y de vocación histórica más decidida que éste. Porque aunque algunas apariencias y resabios parecen perpetuar en Jenofonte la actitud clásica, no es difícil descubrir los activos fermentos de disolución que obran en él hasta hacerlo –como a Isócrates– un precursor del espíritu helenístico.

Como otros muchos atenienses de su época, no profesó Jenofonte un vehemente amor a su ciudad. Al terminar el siglo V tenía aproximadamente veintitrés años; estaba lleno de inquietudes y ambiciones y veía cómo su patria consumía sus fuerzas en un desesperado intento de recuperar siquiera una parte de su antigua influencia en el mundo griego, tras haberse liberado de la presión espartana en favor de los grupos oligárquicos. Pero Jenofonte, como otros por entonces, atribuía a la democracia la declinación de la hegemonía de Atenas, y en su espíritu el sentimiento aristocratizante se confundía en cierto modo con un sentimiento antiateniense. Ese estado de ánimo lo sustrajo a la política interna de su patria y lo movió a preferir la tentadora aventura que le ofrecía en Persia la insurrección de Ciro contra Artajerjes.

Más que el tipo del ciudadano, Jenofonte configura ya el del soldado y el político, desentendido de los intereses nacionales. El soldado y el político están ahora más cerca del aventurero que del ciudadano –en un clima espiritual que preanuncia la época helenística–, y Jenofonte actuará en la guerra y en la política de acuerdo con nuevos y aun imprecisos principios que acusan ya, sin embargo, una notable diferencia con los que predominaban en su patria una generación antes. Para la aventura, el mundo persa constituía un escenario adecuado, y, en efecto, Jenofonte no pudo quejarse de la que le deparó la fortuna. En él descubrió su inmensa variedad y, percibiendo todo lo que lo diferenciaba del mundo griego, aprendió a estimar en él ciertos valores humanos independientemente de las circunstancias raciales y culturales, exaltándolos acaso en demasía a causa del pesimismo con que contemplaba el sino de su propio mundo. Como Tácito en la Germania, Jenofonte ve en Persia una fuente de inspiración para volver sobre los temas nacionales con nuevas perspectivas. De esa actitud ha de nacer más tarde la *Ciropedia,* cuyos términos políticos deben considerarse como una respuesta a las inquietudes que suscitaba en su ánimo la Grecia en crisis. El "arte de reinar" que Jenofonte admiraba en Ciro parecía entrañar una provechosa lección para los políticos que luchaban incesantemente en interminables conflictos por el poder.

Es innegable que las luchas políticas de su tiempo justificaban su escepticismo. Los estados griegos parecían haber perdido el rumbo y las viejas estructuras se adaptaban cada vez menos a la realidad, de modo que los conflictos por el poder carecían cada vez más de fundamento. Jenofonte "laconizaba". En contraste con Atenas, observaba una Esparta cuyo régimen político se ajustaba más a la realidad, y optó por ella sin escrúpulos de conciencia. Allí sirvió a los políticos que le brindaron su protección o su amistad, y allí residió mientras pudo. Sólo el fracaso de Esparta –en crisis a su vez– lo llamó a la reflexión y lo trajo nuevamente a Atenas, donde procuró defender su antigua posición y justificar su actitud.

Fue, pues, la de Jenofonte una vida desconcertada, a la deriva, y sólo a veces conducida por convicciones, por lo demás poco arraigadas y sujetas a revisión. En eso, como en otras cosas, fue un hombre de su tiempo, y están patentes en él las influencias un poco confusas de Sócrates y de los sofistas. Si la segunda fue un poco indefinida, no fue por eso menos profunda. La de Sócrates en cambio, fue más directa. Un día –cuenta su biógrafo– no supo responder al maestro cuando lo interrogó acerca de dónde debía ir para tornarse un hombre honesto. "Sígueme –le contestó Sócrates– y lo aprenderás"[13]. A partir de entonces Jenofonte escuchó sus lecciones y se compenetró de algunas de las ideas fundamentales del filósofo. Pero de ningún modo fueron sus convicciones tan firmes como para resistir a la difusa influencia de los sofistas que obraba en el ambiente ateniense. De ellos derivaba su desapego por la tradición patria –que no le enseñó el filósofo del *Critón* y la *Apología*–, de ellos el relativismo y de ellos finalmente ese aire irresponsable que se advierte tanto en su vida como en su obra. Pero sobre todo aprendió Jenofonte de la realidad, que, aunque examinó de manera superficial, le proporcionó ciertos criterios que obraron como verdaderas determinaciones en su espíritu. Unidas todas estas enseñanzas, Jenofonte adoptó una peculiar actitud

---

13. Diógenes Laercio, *Vidas de filósofos*, II, 48.

personal para entender su tiempo, que luego proyectó hacia la comprensión de la vida histórica.

Porque, a diferencia de Isócrates, Jenofonte era radicalmente un historiador. Cultivó muchos aspectos del saber, y se ha podido decir de él que fue un polígrafo; pero en tanto que Isócrates utilizaba la historia para dar mayor peso a sus afirmaciones sobre los problemas inmediatos, todo el saber de Jenofonte concurría hacia una imagen de la vida histórica. Si no muy profundo, fue sin disputa un historiador inclinado a descubrir la peculiaridad del proceso histórico, y acaso sea más significativo de lo que parece su hallazgo fundamental: la afirmación implícita de que el hombre constituye la última realidad de la historia, la que subsiste cuando desaparecen los vínculos que constituyen los grupos histórico-sociales y la humanidad se presenta como una abstracción, carente de sentido autónomo.

De esta manera respondía Jenofonte a los estímulos de su contorno. La historia, como la habían escrito Heródoto y Tucídides, tenía para él escaso sentido. Nada podía defender con ahínco en el sistema de los estados nacionales griegos sin que surgiera a la postre la certidumbre de su flaqueza, de su necesaria disolución y caída. No era ninguno de los elementos en conflicto lo que había que defender, sino apenas testimoniar el fracaso de todos y la esperanza de una regeneración, sobre cuyos términos no estamos totalmente a oscuras si consideramos atentamente la *Ciropedia*. Una monarquía parece ser el vago sueño de Jenofonte, convencido del fracaso de los griegos como seres sociales según la fórmula aristotélica.

Esta idea se enlaza con aquellas otras ya señaladas; a través de las enseñanzas de los sofistas y a la luz de su propia experiencia, Jenofonte ha dejado de pensar con horror —el tradicional horror de los atenienses del siglo V— en la posibilidad del gobierno unipersonal, porque ha empezado a creer sobre todo, y acaso únicamente, en el hombre individual. El más fuerte, el mejor dotado, el sabio, son tipos diversos que concibe el espíritu griego desde las postrimerías del siglo V para caracterizar al individuo singularizado y destacado del grupo comunitario en el que antes se sumía. Jenofonte se adhiere a esta nueva sensibilidad política —que entrañaba una revolución— porque el mundo que lo circunda no le muestra como formas reales efectivas los grupos sino los individuos. Y así como la *Helénica* y la *Constitución de los lacedemonios* testimonia su afán por descubrir las causas del fracaso de Esparta, que era su última esperanza, los *Memorables*, la *Anabásis* y el *Agesilao* demuestran su enérgica fe en el individuo.

Acaso sea esto lo más importante que contiene la obra de Jenofone. Su preocupación no es el diagnóstico de los entes culturales en contacto, ni el conflicto de poderes entre los entes políticos que son la personificación de aquellos entes culturales. Lo que atrae su atención es, sobre todo, la personalidad individual que se destaca del conjunto y expresa por sí misma una cultura al tiempo que encarna una voluntad activa. Acaso de manera imprecisa, Jenofonte repara sin duda en esta realidad y, como historiador, se aferra a ella y la erige en piedra angular de su construcción.

Así le atrae y le seduce la figura de Sócrates, cuyo vivo recuerdo conserva en los *Memorables*. Más que su pensamiento profundo –que acaso no captara–, Jenofonte fija la imagen de la personalidad individual del maestro y de su extraordinaria potencia intelectual; pero no es aquí, sin duda, donde se refleja más claramente su actitud renovadora, porque, como veremos luego, se introducen en los *Memorables* otros designios; es en los retratos donde se nos aparece inequívocamente: en el de Ciro el Joven[14], en el de Clearco[15], en el suyo propio[16], en el de Ciro el Mayor a todo lo largo de la *Ciropedia* y en la biografía de Agesilao.

Más que la educación de Ciro, la *Ciropedia* nos relata sus hechos y nos describe su carácter. Lo fundamental es para Jenofonte la vigorosa personalidad del rey, del hombre de acción, los rasgos prominentes de su temperamento, su comportamiento frente a la realidad y sus ideas. Todo ello supone una educación, pero nos es ofrecido sobre todo como una expresión de un tipo humano. Si Jenofonte repite, hablando de Ciro el Joven, el mismo esquema y las mismas observaciones que hallamos en la *Ciropedia* referidas a su ilustre antepasado, no es porque se plagie a sí mismo,

---

14. JENOFONTE, *Anábasis*, I, 9.

15. JENOFONTE, *Anobasís*, II, 6.

16. JENOFONTE, *Anábasis*, III, passim y ss.

como se ha dicho alguna vez, sino porque quiere exaltar reiteradamente las mismas virtudes en quienes ve predestinados al ejercicio del poder. Dependiente en cierto modo de las tradiciones clásicas, Jenofonte nos muestra todavía en alguna medida al hombre a través del arquetipo, como solía hacerlo la épica según un principio que aún seguía Tucídides cuando dibujaba las personalidades de Pericles o de Temístocles. Pero Jenofonte comienza a escapar de esas determinaciones. Ya su imagen de Sócrates aparece proyectada con tonos fuertemente individuales; pero es sobre todo su propia personalidad la que se nos presenta con rasgos más acusados. Jenofonte habla de sí mismo como si fuera otra persona; su preeminencia está apenas esbozada, su virtud indicada sutilmente, sus convicciones y sus dudas apuntadas con leve mesura y sus ambiciones anotadas con ingenua sinceridad. Cuando los griegos que venían del corazón del imperio persa pensaron en darse un jefe único[17], el nombre de Jenofonte fue pronunciado y muchos procuraron persuadirlo de que aceptara. "Para Jenofonte la cosa era verdaderamente tentadora; pensaba que era un medio de acrecentar su consideración entre sus amigos y que su propio nombre llegaría agrandado a Atenas; también podría, quizás, proporcionarle algún provecho al ejército. Y esas reflexiones le hacían desear que lo nombraran general en jefe; pero cuando pensaba que ningún hombre sabe hacia dónde girará el porvenir, y que por tal razón arriesgaba perder la gloria que había adquirido precedentemente, no sabía por qué decidirse"[18]. Pero Jenofonte consultó a Zeus y recibió la orden de negarse. He aquí su propio retrato. Amaba los honores "porque soy hombre", pero su espíritu estaba lleno de temores y de ambiciones contenidas junto a virtudes efectivas y estimables. Tal es el hombre, y tal es su conducta histórica, de la que resulta una compleja mezcla de debilidades y grandezas.

Para el tipo de conceptuación histórica que origina esa actitud, Jenofonte no necesitaba alcanzar una objetividad como la que buscaba Tucídides. Jenofonte sazona su análisis histórico con la sal de su viva militancia y se apoya en su

---

17. JENOFONTE, *Anábasis*, VI, 1.

18. JENOFONTE, *Anábasis*, VI, 1.

peculiar aptitud para descubrir el álea imponderable que se esconde en la naturaleza humana. Por eso no vacila en tornar su exposición en alegato, como cuando recurre a la figura de Sócrates para defender a todos los socráticos –entre los que se contaba– de las imputaciones que originó la condenación del maestro. Empero, Jenofonte, siempre complejo, procura a veces reconstruir el proceso histórico para establecer la verdad objetiva: así en la *Helénica* y en la *Constitución de los lacedemonios*, a través de cuyo examen se empeña en descubrir porqué fracasaba Esparta –pese a la perfección que él había descubierto en su estructura política– frente a los estados griegos que resistían a su autoridad. También allí obra la fortuna. Los regímenes decaen y pierden su antigua perfección hasta hacerse estériles; y cuando esto ocurre, la colectividad se precipita en una crisis. Así se perfecciona el determinismo político que se insinúa en Tucídides y adquiere más tarde los caracteres de una verdadera filosofía de la historia. Era, por lo demás, un signo de los tiempos. El siglo IV terminaba con la más profunda mutación operada en el ámbito heleno-oriental, y la inquietud histórica no era ajena a ningún espíritu sagaz. La sucesión de las crisis enseñaba a considerar la realidad como una serie indefinida de mutaciones, y en la interpretación de esos cambios hicieron los historiadores sucesivas conquistas que desarrollaban los primeros planteos de las dos prominentes figuras del siglo V: Heredóto y Tucídides.

⇢❧ CAPÍTULO SÉPTIMO ❧⇠

La disgregación del espíritu clásico y la constitución del espíritu helenístico

La profunda influencia ejercida por los sofistas en las minorías directoras del ámbito cultural griego tuvo notables consecuencias. Sus postulados, explícitos o implícitos, se desarrollarían progresivamente hasta dejar entrever sus últimas posibilidades a favor de las circunstancias de la realidad, desencadenadas en cierto modo por su propia acción, aunque modificadas luego por el azar del devenir histórico. En efecto, estaba dentro de la línea de la influencia sofística la conmoción profunda de todos los fundamentos del orden tradicional, pero acaso hubiera sido otro el desarrollo y la vigencia de esas ideas de no haberse producido el ascenso a Macedonia y la conquista del Oriente próximo por Alejandro Magno. Estos hechos trastocaron totalmente el cuadro de la realidad y, al tiempo que parecían justificar la validez histórica de las concepciones sofísticas, les proporcionaban una atmósfera adecuada para desarrollarse y alcanzar sus últimos extremos.

Puede decirse, pues, que las doctrinas sofísticas y las conquistas de Alejandro precipitaron al mundo griego en una formidable crisis que disgregó los fundamentos del espíritu clásico y originó una nueva actitud frente al mundo y la vida que configura lo que se llama el espíritu helenístico. En el momento del tránsito, Aristóteles recoge la concepción del determinismo político planteada por Tucídides, la examina cuidadosamente y procura precisar sus términos, como si quisiera realizar un último esfuerzo para salvar la tradición

clásica. Ayudado por sus discípulos, estudió numerosas constituciones de los distintos estados griegos, para establecer los
principios de aquel determinismo y componer una imagen
del desarrollo político del mundo en crisis. De esas investigaciones salió la *Política*, en la que Aristóteles ensaya la
determinación de las distintas fases del proceso histórico:
las formas puras de gobierno corresponden a las épocas de
equilibrio y esplendor, y las formas impuras, derivadas de
aquéllas a través de un proceso necesario, configuran los
períodos de crisis. Sólo faltaba proporcionar a este esquema
el elemento dinámico de que habría de dotarlo Polibio; pero
entretanto, quedaban puestos los primeros cimientos, gracias al concienzudo análisis de la realidad emprendido por
Aristóteles sobre los datos directos. De esas investigaciones
nos ha llegado una de las partes, la *Constitución de Atenas*,
quizás la más importante y en la que se advierte la sutileza del planteo histórico-social. Para Aristóteles el sistema
institucional no constituye un cuadro de formas rígidas sino
una ordenación inestable que acompaña al proceso social,
adaptándose a él y constriñéndolo sucesivamente. Pero en el
fondo descubría Aristóteles, a través de la concepción cíclica,
la posibilidad de un perfeccionamiento y una renovación
constantes que excluían la idea de una crisis total.

En efecto, la mutación a cuyo desencadenamiento asistía
podía ser considerada no como una destrucción sino como
una involución del espíritu clásico, y por eso sería posible
la reelaboración de la tradicional concepción de la vida histórica en una doctrina de conjunto, verdadera síntesis del
pensamiento antiguo que formularía Polibio.

Desde cierto punto de vista, la disgregación del espíritu
clásico se opera a través de una crisis religiosa, moral e intelectual, cuyo punto de partida reside en el criticismo sofístico. Ya se ha señalado su incidencia sobre los fundamentos
de la religión y del estado. Contra ella obraron activamente
Platón y Aristóteles y aun insistirían parcialmente en esa
labor otros pensadores posteriores. Pero quienes dieron la
tónica de los nuevos tiempos —desde fines del siglo IV— fueron los que perpetuaron aquella dirección. El criticismo se
desarrolló agudamente en las escuelas post-aristotélicas, en
parte entre los estoicos, pero sobre todo entre los escépticos
y los epicúreos. El panteísmo y los movimientos místicos de-

bilitaban la fe en los cultos oficiales, fundamentos del orden político social. Entretanto, la interpretación naturalística del universo que formularon los epicúreos conmovía los cimientos de la actitud religiosa y sacudía la imagen de la vida de aquellos que se regían por un sentimiento de dependencia frente a la divinidad, sentimiento expresamente combatido por quienes afirmaban la inconsistencia del temor a los dioses y enseñaban la posibilidad de alcanzar la felicidad por la eliminación de ese pavor. De este modo, el problema moral comenzaba a plantearse para el hombre en un plano autónomo, ajeno tanto a las determinaciones religiosas como a las determinaciones político-sociales.

Después de Aristóteles, el problema moral llegó a ser la cuestión fundamental de la filosofía. Problema teórico y práctico a un tiempo, su planteo se desprendió de los grandes principios universales para referirse eminentemente a la subjetividad individual; el bien se hizo meramente bien humano en las filosofías post-aristotélicas, y la filosofía se tornó más y más un sistema de reglas para la vida. El hecho no era accidental ni se explica por las peripecias internas del filosofar; proviene de la sensación de derrumbamiento de todos los sistemas que hasta entonces encuadraban y regían la conducta, hasta el punto de transformar el obrar individual en un problema necesitado de soluciones casuísticas, no impuestas por los sistemas constrictivos de la sociedad ni por los grandes esquemas morales vigentes.

En busca de soluciones, los ideales estrictamente individuales no tardaron en ser formulados. Frente a la sensación de inestabilidad y de crisis, la felicidad y el placer se tornaron los objetivos fundamentales que perseguían estoicos, epicúreos y escépticos. La felicidad y el placer no son propios del cuerpo sino del alma, y se logran con la supresión de toda pasión, en la imperturbabilidad, en la ataraxía. Nada interesa al sabio sino eso, y, recluido en su vida interior, su destino parece alejarse más y más del destino de la colectividad, hasta sentirse totalmente ajeno a ella. Como Diógenes delante de Alejandro, el individuo comienza a no desear otra cosa que una serena calma.

Correspondía esta actitud ajustadamente a la crisis del orden económico, social y político, y contribuía, además, a acentuarla favoreciendo nuevas situaciones de hecho. Hasta fines del siglo IV, el mundo griego estaba constituido por un conjunto de entidades autónomas, las ciudades-estado, cada una de las cuales constituía una unidad llena de sentido para sus ciudadanos. Todas en conjunto constituían un sistema, dentro del cual las luchas por la hegemonía no habían logrado disolver del todo el sentimiento panhelénico. Pero sin duda socavaban su base. Y cuando a partir de mediados del siglo IV Macedonia puso de manifiesto sus aspiraciones imperiales, el terreno estaba ya preparado para tolerar el avasallamiento. En efecto, la crítica sofística, disolviendo los fundamentos del orden político social de la polis, y la experiencia política inmediata, demostrando la impotencia de todas ellas para convivir pacíficamente o al menos asegurar la hegemonía de uno y con ella la paz, habían llevado a los espíritus la certidumbre de que una mutación era inevitable y necesaria. Si la solución que implicaba la hegemonía de los reyes macedónicos dejaba insatisfechos a muchos, fueron más aún los que se avinieron poco a poco a considerarla dentro del orden necesario de los acontecimientos; porque entre todas, la convicción de que la ciudad-estado era ya impotente e ineficaz habíase convertido en la más firme y generalizada.

De esa convicción arrancaba la crisis de la idea tradicional del ciudadano. Hasta entonces el hombre griego se comprendía a sí mismo, esencialmente, bajo la especie del ciudadano, esto es, como miembro de una colectividad política a la que lo ataban ciertos deberes y derechos, y cuya atmósfera espiritual le proporcionaba las líneas generales que señoreaban su existencia: sus ideales, sus normas de conducta y sus posibilidades de realización como individuo. Ahora bien, la impotencia e ineficacia de la ciudad-estado malograban esa vigilancia de la colectividad sobre el individuo y lo dejaban librado a sus propias fuerzas. La colectividad desaparecía al desgarrarse en partidos y facciones irreconciliables, y el vínculo unificador se desvanecía cada vez más de modo que el individuo descubría su absoluta soledad, su forzoso aislamiento y la necesidad de salvarse solo y según su propia determinación. Debía crearse sus propios ideales, darse sus normas de conducta y proyectar el itinerario de sus propias posibilidades sin guías ni cartabones. A la concepción del hombre como ciudadano sucedía la concepción del hombre como individuo, esto es, como microcosmos que contiene sus propios fines.

Esta pendiente llevaba hacia los dos ideales que predominaron en el período helenístico: el del sabio y el del cosmopolita. El primero es el que satisface la incertidumbre y el pavor que crean las contingencias de la vida real; el segundo es el que responde a la necesidad de buscar un punto de apoyo para la soledad del individuo, que, a falta de una colectividad eficaz que lo respalde, procura alojarse en el seno de una humanidad que concibe como vaga abstracción y dentro de un mundo para el que carezcan de significado las determinaciones políticas.

Todo esto configura una típica sensación de crisis. El hombre helenístico está persuadido de que asiste a la última etapa de un proceso, tras el cual una nueva ordenación es inevitable, aunque no se sospeche cuál pueda ser. Si el imperio de Alejandro pareció constituir ese nuevo orden, fue muy poco lo que quedó de él al día siguiente de su muerte; y ni las ciudades que recobraron parcial o totalmente su autonomía, ni los estado territoriales que surgieron del imperio demostraron poseer suficiente vitalidad como para crear condiciones de vida renovadas y perdurables, capaces de satisfacer a ese hombre que tenía la sensación de la crisis y estaba persuadido de asistir a la última etapa de un proceso.

Algo distinto pareció entreverse, eso sí, cuando surgió Roma en el horizonte, sobre todo a partir del siglo II. Sucesivamente, y en diverso grado, se hizo patente en todas partes que ella traía consigo nuevas posibilidades vitales. Se resistió a su expansión militar, se despreció su rusticidad y, eventualmente, se procuró aprovechar su fuerza para mantener ciertas situaciones dadas; pero la certidumbre de que la dominación romana entrañaba un renovado programa de vida comenzó a surgir con claridad en muchos espíritus desde su advenimiento al Mediterráneo oriental. Quienes hicieron este descubrimiento en el ámbito griego y lo vincularon con la experiencia helénica, presintieron que el orden que Roma instauraba en el Mediterráneo reiniciaba el ciclo histórico antes concebido como concluso. Así se formó una nueva conciencia histórica, débil al principio, resistida por muchos a pesar de la evidencia, pero que ya en el siglo II habría de dar sus frutos en la filosofía de la historia de Polibio. El espíritu helenístico agota la crítica del sistema de los ideales clásicos y comienza la elaboración de otro en el que la latinidad habría de constituir un elemento fundamental.

❧ CAPÍTULO OCTAVO ☙

Los comienzos de la historiografía helenística

La atmósfera espiritual de la época helenística produjo en el campo del pensamiento histórico dos efectos diversos. Por una parte, condujo hacia una cerrada filosofía de la historia cuando, al término del proceso, parecieron comprensibles los secretos de su dinámica; pero por otra parte, y mientras no se lograba aclarar el sentido de la crisis, desarrolló una enérgica actitud antiretórica y una preocupación esencialmente erudita dirigida hacia la cuidadosa indagación de los hechos –aun de los minúsculos–, sometida a precisas comprobaciones. Tras haberse aplicado a los problemas más importantes y haber disuelto los fundamentos del orden tradicional, el espíritu crítico se encarnaba ahora eminentemente en los investigadores, y entre ellos en los que se preocupaban por el pasado, celosos de establecer exactamente la sucesión cronológica de hechos concretos que parecen constituirlo y, eventualmente, la serie causal en que esos hechos se ordenan. Este menester constituía entonces una necesidad impostergable, pues el criticismo había destruido la imagen legendaria del pasado y tenía ahora necesidad de reemplazar la vasta metáfora que la constituía por un conjunto ordenado de hechos de realidad. Lo mismo ocurría en el plano de las ideas políticas, cuyos fundamentos legendarios y religiosos habían sucumbido. Era necesario, pues, establecer ahora una doctrina de la convivencia social que hundiera sus raíces en la realidad y cuyos principios rectores se apoyaran en una imagen inequívoca de la vida histórico-social. Fue Aristóteles quien aceptó la tarea de organizar esa nueva y vasta indagación de la realidad social y política de los estados griegos para establecer sobre esas bases un nuevo sistema de principios.

Aunque su objeto excediera el de la mera historia, Aristóteles contribuyó eficazmente a lanzar a ésta por el camino de la investigación erudita. Distribuyendo la labor entre sus discípulos, se propuso Aristóteles estudiar cuidadosamente la organización de los distintos estados griegos. A juzgar por el único de los ensayos que ha llegado hasta nosotros –la *Constitución de Atenas*–, el planteo propuesto por Aristóteles era a la vez histórico y sistemático. Si se proponía establecer las características del orden institucional, no se preocupaba menos por hallar los fundamentos sociales del sistema político a través de su desarrollo histórico; y en esta búsqueda procuraba el investigador agotar la información, utilizando tanto las fuentes literarias como las no literarias, en un esfuerzo que debe haber sido considerable, aunque no nos sea dado apreciar con exactitud la precisión y el rigor empleados.

Pero el camino quedaba expedito y, como correspondía al ambiente intelectual de la época, volvió a ser transitado muchas veces y en todo el ámbito por el que se difundió la cultura griega después de las conquistas de Alejandro. La figura descollante de esa nueva tendencia parece haber sido Timeo de Sicilia, nacido en Tauromenium y radicado luego en Atenas, donde se dedicó durante largos años a la compilación de los materiales necesarios para escribir una historia de Sicilia que alcanzó más de treinta libros. Había nacido a mediados del siglo IV, hijo de un tirano, y fue expulsado de su patria por Agatocles. Apartado de la vida política, su refugio fue la investigación histórica; pero aunque esa investigación estaba limitada por el deliberado abandono de los problemas generales a causa de las razones antes señaladas, no estuvo con todo exento de pasiones. Su historia de Sicilia quería servir a la defensa de una tesis, y este designio lo movió alguna vez a deformar los hechos, según opinión de su despiadado crítico, Polibio. No conocemos sino contados fragmentos de Timeo, y mucho de lo que sabemos de él proviene precisamente de aquel que lo combatió encarnizadamente a lo largo del libro XII de su *Historia*. Podemos afirmar –aunque Polibio resta significación al hecho– que Timeo era un hombre extremadamente escrupuloso en la pesquisa de sus materiales, que realizaba con ellos cuidadosos análisis críticos y que procuraba finalmente componer un relato basado tan sólo en hechos que pudieran probarse. Sabemos, además, que Timeo realizó largos y cuidadosos estudios sobre cuestiones cronológicas y que a él se debe el método de ordenar los hechos según las Olimpíadas, que después se generalizó. Todo esto configura la imagen de un erudito; pero contribuyen más que nada a precisarla los reparos que el propio Polibio formuló contra él muchos años después. Timeo criticaba acerbamente a Eforo por su tendencia retórica[1]. Pero nada hay en ello de sorprendente, pues era natural que siguiera esa línea. Alguna, vez se enfrentó con el propio Aristóteles, a quien criticó acerbamente en cierta ocasión por la facilidad con que aceptaba datos no suficientemente comprobados; él, por su parte, declaraba que "nunca se ha limitado a las probabilidades" y que "ha ido a buscar entre los locrios y aun en Grecia los detalles necesarios sobre el asunto..."[2]. Era la buena doctrina de la erudición de la época, aunque Polibio pretenda demostrar que Timeo no se ha mantenido fiel a ella. Más adelante señalaremos el significado de esta actitud de Polibio, pero entretanto queda en pie la de su predecesor, como ejemplo de una postura intelectual típica de su tiempo. Porque Polibio concluirá su *ex-cursus* reprochando a Timeo el que careciera de experiencia de la vida, que estuviera totalmente apartado de la actividad pública, que su saber fuera exclusivamente intelectual y que, de ese modo, no haya podido crear sino una obra historiográfica sin vitalidad y desprovista de resonancia inmediata. Con estos rasgos termina de caracterizarse el erudito helenístico. De esa manera se harán los investigadores de Alejandría o de Pérgamo. Y, más aún, se harán también de esa manera por entonces los investigadores de Egipto y de Mesopotamia.

Porque este examen de los comienzos de la historiografía helenística sería incompleto y omitiría un elemento fundamental si no incluyera los nombres de Manetón y de Beroso. No son ciertamente griegos, pero dentro de la idea que se

---

1. POLIBIO, *Hist.* XII, 28 y 28a.
2. POLIBIO, *Hist.* XII, 9.

acuñaba desde el siglo IV, merecen ser considerados como tales, puesto que pertenecían al ámbito de la cultura helenística. Beroso era un sacerdote de Bel, contemporáneo de Timeo, pues vivió en los primeros tiempos del siglo III. En su *Chaldaica* se ocupó de los remotos orígenes legendarios de los pueblos mesopotámicos, relatándolos a la manera tradicional; pero a medida que se fue acercando a los períodos más próximos a su tiempo creció su preocupación por establecer con la mayor exactitud los datos referentes a la historia política, recurriendo a todos los testimonios que podía hallar y desarrollando sobre ellos una crítica cuidadosa, hasta tal punto que la erudición moderna ha comprobado la exactitud de muchas de sus aseveraciones. Algo semejante ocurre con su contemporáneo egipcio Manetón. Escribió éste en lengua griega una historia del Egipto, para la que se valió de los riquísimos materiales que estaban a su alcance; su esfuerzo más importante consistió en someterlos a un cuidadoso examen crítico para compararlos y comprobar la exactitud de los datos, empresa nada fácil, ciertamente, que supone una mentalidad científica muy rigurosa para orientarse dentro del vasto y complejo tema y de las numerosas fuentes, muchas de ellas imprecisas y seguramente más de una vez contradictorias. Por desgracia las obras de Beroso y de Manetón no han llegado hasta nosotros en su redacción original y apenas las conocemos por algunos fragmentos que nos han sido conservados, en particular por Flavio Josefo. Pero si esos fragmentos no bastan para un estudio a fondo de la obra de ambos historiadores, acaso basten para esta afirmación general, que hace mucho al problema del proceso de la historiografía de esta época: el espíritu helenístico había trascendido los límites de la Grecia propia, anidaba ya a principios del siglo III en los territorios dominados por los griegos y se proyectaba en una concepción de la labor histórica que recibía la aprobación general.

Pero aun podemos afirmar más a la luz de otras fuentes. En esos territorios no sólo se proyectaba el espíritu helenístico en el terreno gnoseológico y técnico de la investigación, sino también en la imagen de la vida histórica, como nos lo prueban los libros de los *Macabeos* redactados en el siglo II. En efecto, no sólo el fenómeno social y cultural que nos relatan constituye de por sí una prueba de la difusión del espíritu helenístico en el seno del pueblo hebreo, sino que el enfoque mismo del historiador está revelando, sobre todo en el primer libro, una adhesión a ciertas formas de pensar que, escapando de las vigorosas tradiciones hebreas, se aproximaban rápidamente a las que entonces se elaboraban en el mundo helenístico. Así, la percepción de las entidades políticas como estructura de poder, de los fenómenos de cultura en sus relaciones con el orden político-social y de la misión del individuo, deja entrever el impacto de las influencias helenísticas sobre una cosmovisión que hasta entonces se había caracterizado por su resistencia a las influencias extrañas.

En uno y otro campo, pues, en el puramente técnico de la investigación y en el más vasto de las ideas que animan la concepción de la vida histórica, la historiografía helenística alcanzó en todo el Mediterráneo una marcada unidad. Visto desde nuevos ángulos el proceso de la historia griega comienza a aclararse, como no podía hacerse desde el seno de comunidades que se agostaban en insignificantes luchas cuyo sentido apenas podían descubrir ellas mismas. La idea de que un ciclo se cumplía se iba abriendo camino; pero para que fuera fecunda debía llegar a insertarse dentro de un sistema que explicara la continuidad y la renovación de la vida histórica. La aparición de Roma como potencia hegemónica en el Mediterráneo proporcionó el dato que faltaba, y con él construyó Polibio su vasto sistema filosófico de la historia.

CAPÍTULO NOVENO

Polibio

Benedetto Croce ha llamado a Polibio el Aristóteles de la historiografía. La expresión es exacta en cuanto sitúa al ilustre historiador dentro de la línea del pensamiento histórico griego, en el que alcanza una especie de culminación. Todo el vasto conjunto de ideas que se viene elaborando desde la época de Heródoto y especialmente a partir de Tucídides adquiere ahora una ordenación equilibrada, con los desarrollos y las limitaciones necesarias para su ajustada arquitectura. Pero lejos de limitarse a hacer un simple balance de lo que recibía en herencia de sus antecesores, Polibio pudo y supo vivificarlo y proveerle de un nuevo sentido, capaz de perfeccionarlo hasta llegar a ser un conjunto de admirable equilibrio y vasta perspectiva. Puso en esa labor un destello de su innegable genio personal, aunque es evidente que su tiempo le proporcionó la imprescindible experiencia histórica que predispuso su ánimo para tan compleja labor.

La época de Polibio constituye un momento singularísimo en el desarrollo de la cultura antigua, momento decisivo en el que se opera la conjunción de las tradiciones de Grecia y de Roma mientras esta última asume la misión de proyectar un camino, en el que coincidan las dos bajo su propia hegemonía. A ese proceso asiste Polibio como testigo presencial, y no es el menor de sus méritos el haber descubierto, con aguda penetración, los profundos problemas que escondían sus primeros episodios, que pasaron inadvertidos para muchos.

Ciertamente, las circunstancias lo colocaron en una posición privilegiada para realizar sus observaciones. Polibio de Megalópolis pertenecía a una ilustre familia griega de Arcadia y era hijo de Lycortas que, después de Filopemén, dirigió la política de la Liga Aquea. Nacido en los primeros años del siglo II, asistió a los desesperados esfuerzos que realizó la Liga Aquea para asegurar la unidad y la libertad de los estados griegos frente a los inmensos peligros que los amenazaban a causa de las encontradas ambiciones de Macedonia y Roma. Tanto Filopemén como Lycortas procuraron sortear esas dificultades y lucharon sin descanso por mantener una Grecia independiente, aunque es presumible que advirtieran las escasas probabilidades de éxito que tenían sus esfuerzos; Polibio se formó en esa escuela política, y en ella adquirió las primeras convicciones firmes acerca de los problemas que preocupaban a los estadistas griegos de esa época; apoyado en ellas actuó al lado de Filopemén y de su padre en la dirección de la Liga, la representó ante Ptolomeo de Egipto y colaboró en la conducción de sus ejércitos. Y cuando las circunstancias se agravaron trató de adecuar la política de la Liga a la nueva situación y comenzó a aconsejar una actitud conciliatoria frente a Roma, compatible a sus ojos con la prudente vigilancia y defensa de los últimos restos de la autonomía nacional.

Sin embargo Roma mantuvo ciertas reservas frente a Polibio. Si en comparación con los intransigentes parecía un tibio, comparado con los políticos que se entregaban sin reservas o se vendían a Roma, el joven conductor de la Liga Aquea no hacía el papel de un incondicional al servicio de los fines de la gran potencia mediterránea que crecía día a día en poderío. No era suficiente que, cuando la guerra contra Perseo, hubiera adoptado Polibio resueltamente el partido de Roma; se necesitaba hacer mucho más para no parecer sospechoso, y Polibio no estaba dispuesto a realizarlo; de modo que, cuando Paulo Emilio hubo completado las operaciones contra Macedonia, el hijo de Lycortas fue elegido entre los rehenes que se enviaron a Roma como prenda de seguridad. Allí comenzó Polibio una nueva vida —poco después de la batalla de Pydna, en 168— durante la cual nutrió su espíritu con el estudio de los problemas históricos y políticos que más le apasionaban, se compenetró de las ideas de quienes antes que él habían reflexionado sobre ellos y maduró finalmente sus propias opiniones con severa disciplina.

Esta laboriosa empresa intelectual le fue posible sobre todo gracias a la circunstancia de haber ingresado en el aristocrático círculo de los Escipiones y de Paulo Emilio. Por razones que se nos escapan, pero entre las que no carecen de importancia el filohelenismo de ese grupo y el origen aristocrático de Polibio, no sólo le fue posible a éste frecuentar el trato de quienes constituían uno de los grupos más prestigiosos e influyentes de Roma sino que llegó a intimar estrechamente con ellos hasta el punto de que se le confiara la educación de Escipión Emiliano, a quien tan altos destinos estaban reservados. Gracias a esa circunstancia pudo, además, frecuentar la biblioteca de Paulo Emilio, una de las más ricas de Roma, en la que por cierto estaban incluidos los volúmenes que habían pertenecido al rey de Macedonia, y cuya posesión había solicitado el vencedor como merced por su triunfo.

El asiduo estudio y el intercambio de ideas con hombres que sustentaban puntos de vista tan diferentes de los que eran habituales, estimularon en Polibio el deseo de escribir una historia de su época, en la que explicara los hechos fundamentales de acuerdo con una interpretación que, cada vez más, se hacía evidente a sus ojos. Polibio cumplió su designio con sostenida voluntad, y compuso una obra dividida en cuarenta libros, en la que narraba la historia de los países del Mediterráneo a partir de la 140ª Olimpíada, esto es, en el momento en que se inicia la segunda guerra púnica, y hasta la época de la sumisión de Grecia. De esos cuarenta libros solo unos pocos han llegado completos hasta nosotros, pero el conjunto que conservamos basta para que nos hagamos una idea de la magnitud de su empresa: hacer una historia universal que explicara las peculiaridades de su propia época, y de cuyo transcurso pudieran deducirse los caracteres esenciales del devenir histórico.

El punto de partida de la reflexión histórica de Polibio es la inequívoca certidumbre de que está asistiendo a cambios fundamentales que afectan a todo el mundo mediterráneo y que, habiendo comenzado a desencadenarse medio siglo antes, manifiestan ahora sus primeras consecuencias. "Pero lo que nos ha determinado, sobre todo, a comenzar este relato hacia la 140ª Olimpíada –dice[1]– es que entonces la fortuna parece haber renovado como a propósito la faz del mundo". Polibio percibe esta renovación en diversos planos; acaso lo que más le asombra es la casi repentina intercomunicación que se ha establecido entre ámbitos antes cerrados y sin relaciones recíprocas, cuyos procesos históricos no reconocían causas comunes ni desarrollos análogos. "Antes de esta época la vida de los pueblos está como aislada, los hechos que ocurren en cada uno tienen un origen, un resultado y un teatro que le es propio, pero en seguida la historia no forma, por así decirlo, más que un solo cuerpo: un lazo común une y relaciona entre ellas a Italia, África, Sicilia y Grecia: todo converge hacia un mismo fin. He aquí porqué hemos colocado en esta fecha el comienzo de nuestro trabajo. En efecto, solamente después de haber vencido a Cartago en esta guerra, de la que hemos hablado al pasar, y jactándose de haber realizado la parte más pesada y fuerte de su tarea para la sumisión del universo, no tuvo miedo Roma de aspirar a nuevas conquistas y de lanzar sus ejércitos sobre Grecia y Asia"[2].

Esta toma de posición de Polibio supone una observación muy aguda de la situación creada en el mundo mediterráneo durante la época helenística, como consecuencia de las expediciones de Alejandro y del desarrollo económico y político de los estados que surgieron de su desmembración, así como también de la situación de Roma, inducida por diversas circunstancias –y entre ellas por la política de los mismos estados del Mediterráneo oriental– a una acción expansiva. Pero si esa observación, originada en sus preocupaciones políticas y militares, es la fundamental en cuanto implica una toma de posición, no es empero la única. Polibio advierte que la época que se inicia en las dos últimas décadas del siglo III trae consigo también una profunda mutación en el plano de la cultura. No se le oculta que el desarrollo de las artes y las ciencias ha realizado inmensos progresos[3], y de allí proviene su certidumbre de que es posible ahora un conocimiento más exacto de la realidad. Con todo atraen mucho más su

---

1. IV, 2.

2. I, 3.

3. IX, 2.

atención los elementos negativos que descubre en ese período. Observa con exactitud que las condiciones de vida han provocado una considerable disminución de la natalidad en Grecia, donde encuentra "una población entregada enteramente al orgullo, a la avaricia, a la indolencia; que no quiere casarse, ni nutrir los hijos nacidos fuera del matrimonio, o al menos nutrir uno o dos a fin de dejarles mayores riquezas y educarlos en el seno de la abundancia..."[4], de lo que Polibio deduce, como aristócrata y tradicionalista, que las formas más altas de la civilización entrañan ciertos gérmenes de decadencia, por cuya obra una cultura gloriosa e ilustrada por hechos famosos se degrada, pierde su poder y queda finalmente a merced de pueblos fuertes y numerosos.

Sin duda Polibio piensa entonces en Roma. Pero el examen de la realidad romana parece demostrarle muy pronto que también allí han llegado las influencias malsanas de una sociedad corrompida, pero que posee aún extraordinario prestigio. Si Escipión quiso distinguirse por su moderación y temperancia, el triunfo que alcanzó en esta empresa fue facilitado por las características de su contorno: "era, por lo demás, un triunfo cuya conquista, tan noble y difícil como sea de ordinario, resultaba fácil entonces en Roma a causa de la corrupción general"[5]. Se había llegado, en efecto, a un nivel moral tan bajo que Polibio encontraba el espectáculo desalentador. La venalidad había corroído el ánimo de esos mismos romanos a quienes veía reservado el dominio del mundo, y afirma que no podría responder ahora de que la masa no se dejara tentar por el oro y desertara de su deber, a diferencia de lo que antes hubiera ocurrido.

Pero lo que considera el más típico signo de la época es la profunda crisis de los ideales. El realismo parece haber hecho presa de los conductores militares, pero Polibio señala que esa conducta no es sino un reflejo de ciertos caracteres propios de la vida pública: "Pero hoy que el uso de vergonzosas astucias está extendido por todas partes, hay quienes miran esto como un mal necesario. No eran éstas las máximas de nuestros padres, quienes, lejos de engañar a sus amigos en beneficio de su poder, no habrían querido siquiera vencer

---

4. XXXVII, 4.

5. XXXII, 11.

a sus enemigos por tales medios. Consideraban que una victoria no era hermosa y duradera si no se había triunfado lealmente sobre el adversario, con el solo apoyo del coraje... Hoy se tiene por doctrina que es de mal general obrar a cara descubierta"[6]. Así se perfila una caracterización profunda de la atmósfera moral de la época que revela la intensidad de la vivencia del observador. Pero por encima de esta caracterización moral sitúa Polibio una observación más importante aun, más objetiva y referida estrictamente a los caracteres de la época como etapa histórica. Lo que más le impresiona en ella, la nota que expresa mejor su actitud interpretativa, conducirá su reflexión y organizará su obra, es la universalidad que ahora caracteriza a los tiempos. Antes "en Grecia, en Italia y en Asia las guerras provinieron de causas particulares"[7], pero establecida la intercomunicación entre todas esas regiones, el mundo político ingresa en una nueva etapa de desarrollo y así como exige un diferente criterio interpretativo para lo futuro proporciona a la vez una clara perspectiva para lo pasado. Ahora se advierte –piensa Polibio– cómo hay que comprender e interpretar la historia. Se advierte la estrechez de "los autores de historias parciales", cuyos desarrollos resultan insuficientes y desprovistos de sentido, porque carecen de la adecuada persperctiva, y se explica del mismo modo que "si hay un buen número de historias parciales consagradas al relato de algunas guerras particulares y de los hechos que se relacionan con ella, no hay una sola –al menos que yo sepa– que lo sea del mundo entero, y que haya intentado trazar en su conjunto la marcha de los acontecimientos, el origen y la sucesión de las revoluciones que han llevado los asuntos al estado en que se encuentran hoy"[8].

Polibio se sitúa en la posición opuesta y, por cierto no oculta su orgullo intelectual por haber operado este viraje en la concepción tradicional de la historia: "Como no hemos emprendido una historia particular –dice[9]– sino por el contrario una historia general, y, así como lo hemos mostrado,

---

6.   XIII, 3.

7.   IV, 28.

8.   I, 4.

9.   V, 31.

el más grande monumento histórico quizás que haya existido nunca...”; ese monumento debía ser no solamente un relato de la historia universal, esto es, una interpretación retrospectiva del mundo, sino también una clave para interpretar el presente, y aun los tiempos venideros. El universalismo propio del período helenístico empezaba a adecuarse y ordenarse dentro de la concepción imperial de Roma, en la que Polibio ve los esquemas del futuro inmediato hasta el punto de definir el objeto de su obra asegurando que explicará “por qué medios, por qué hábil conducta hizo pasar Roma al universo entero bajo sus leyes en el espacio de cincuenta y tres años”[10]. El ascenso de Roma es, en última instancia, la experiencia histórica que constituye el punto de partida de Polibio para la comprensión de la historia universal. La aspiración a alcanzar el dominio del orbe constituye a sus ojos, precisamente, el testimonio de la excelencia política de Roma. Con otro motivo y en otro lugar manifiesta explícitamente su opinión sobre la grandeza de ese designio: “Es bello y honorable por encima de todo hacer un imperio, poner bajo su ley a un gran número de hombres, ver, en fin, todos los ojos y todas las miradas vueltas hacia sí...”[11]. Y ciertamente, Roma realizaba ese ideal dándole forma concreta a la vaga aspiración universalista que latía en el espíritu helenístico dentro de los vigorosos esquemas políticos reales, los únicos en los que podía concebir un espíritu realista como Polibio su realización. Para la explicación del proceso por el cual un antiguo ideal se trasmuta en formas reales, Polibio emprende la composición de su historia, concebida eminentemente como un análisis del desarrollo que había conducido a la realidad contemporánea y como un intento de establecer las leyes del desarrollo histórico que, habiendo presidio ese proceso, presidirían también el de las etapas subsiguientes. Una filosofía de la historia empieza a delinearse como culminación de los esfuerzos del espíritu griego para establecer el sentido de la marcha del tiempo.

En efecto, la reflexión de Polibio constituye un punto de llegada en el que concurren las diversas aportaciones de los historiadores griegos. Sin duda alguna Polibio percibe

---

10. I, 1.

11. VI, 1.

la significación de los fenómenos generales de cultura. A través de la pugna entre helenófilos y helenófobos, que tanta acritud había alcanzado por entonces en Roma, surgen a sus ojos diversos problemas de influencias y trasvasamiento con todos los fenómenos sociales que los acompañan, y no escapa a su observación, por ejemplo, la rara aptitud de los romanos para "modificar sus costumbres y adoptar mejores"[12]. Pero Polibio no llega a atribuir al conjunto de los fenómenos culturales, difícilmente aprehensibles, una significación fundamental ni es capaz de reducirlos a un sistema que ordene su aparente dispersión y circunscriba su naturaleza aparentemente amorfa. Polibio no proviene directamente de Heródoto, sino de la sistematización que de su concepción de la cultura realiza Tucídides cuando la encierra dentro de los marcos de la vida política. Y, como para Tucídides, es en el plano de la vida política donde Polibio ve desenvolverse eminentemente la historia, manifestarse las cualidades sustanciales de la colectividad, sobre todo, operar de manera precisa e inteligible.

Las circunstancias contribuían, además, a que se le concediera esta preeminencia al plano político en la consideración de la vida histórica. Como en la época de Tucídides, el episodio fundamental en el escenario histórico parecía ser el duelo entre vastas entidades políticas, cuyos resultados determinarían el traspaso de la hegemonía. Frente al espectáculo de la conquista del mundo por Roma, los fenómenos culturales que la acompañaban se empequeñecían y parecían susceptibles de explicarse como meras secuelas del episodio fundamental, que era el de la lucha por el poder. Un sistema interpretativo semejante al de Tucídides, aunque perfeccionado y sobre todo más ágil para adaptarse a una realidad más compleja, parecía suficiente para comprender el mundo contemporáneo y las mutaciones que se operaban en él.

Pero, eso sí, era imprescindible proporcionarle esa aptitud para acoger fenómenos más intrincados. Si en Tucídides la reflexión se desliza apenas perfectible por detrás de la exposición de los hechos, en Polibio la veremos independizarse, anteponerse a veces al relato erigiéndose en un esquema al que se ajusta lo verdaderamente sustancial de

---

12. VI, 25.

la realidad y que se completa luego con una descripción de riqueza variable. Sin ser exactamente ni un teórico ni un sistemático, Polibio tiene en su espíritu una vertiente que se desliza hacia la teoría y el sistema induciéndolo a no limitarse a la mera narración. Más adelante se verá cómo el pragmatismo radical que lo mueve explica esa actitud, pero no la explica suficientemente porque también obraba en Tucídides y no por eso se aventuró a través de los caminos de la teoría. Polibio ha recibido de la mentalidad romana cierta propensión al formalismo y se ha incorporado, especialmente en lo político y lo jurídico, una manifiesta capacidad para ordenar las ideas en el plano formal. De aquí, acaso, su vigorosa conformación de la historia dentro de un sistema integral en el que descubre la ley interna que preside su desenvolvimiento.

En efecto, Polibio sistematiza preferentemente en el plagio político el desenvolvimiento de las colectividades que examina. En ese plano el desarrollo histórico se asimila a un proceso natural: "Pero en la época en que Cartago se comprometió en la guerra de Aníbal –dice en cierta ocasión[13]– su estado político no equivalía al de los romanos. Recuérdese que, como para el cuerpo humano, se distinguen en toda ciudad y en toda empresa, los primeros desenvolvimientos, la madurez y la decadencia, y que el segundo período es el del vigor En eso precisamente diferían las dos repúblicas. Cartago, que había alcanzado su madurez y su esplendor antes que Roma, declinaba por entonces, en tanto que su rival estaba en la plenitud de sus fuerzas". Todas las peculiaridades y los matices del desarrollo histórico provienen, pues, de esta concepción que entraña un sistema coherente de ideas. La vida de los hombres obedece en última instancia a la ley de la naturaleza, y esta convicción está tan arraigada en él que no vacila en afirmar: "En efecto, lo que observamos en el bruto, en el que el instinto lo hace todo, debemos considerarlo como una ley de la naturaleza"[14], criterio que le parece suficiente para deducir de él los principios explicativos del origen del poder. "Cuando un diluvio, una epidemia, una época de hambre o cualquier otro mal semejante llega

---

13. VI, 51.
14. VI, 5.

a destruir una parte del género humano, como ha ocurrido frecuentemente antes de nosotros y ocurrirá ciertamente después, y una multitud de hombres nuevos, en medio de esta ruina común de las instituciones y las artes, ha salido de los restos del naufragio como otras tantas semillas, entonces, entre ellos como entre los animales cuyos ataques los impulsan en su debilidad a agruparse, corresponde necesariamente el primer lugar y el mando a aquel que sobrepasa a los otros por el vigor corporal y por la audacia"[15].

La conjunción de intereses y la neutralización del egoísmo de unos por el de otros van creando la vasta red de normas que organizan la vida social. Esas normas terminan por configurar un cierto orden político, un orden institucional, en el que interviene activamente en algunos casos la voluntad codificadora de un individuo o en el que cristalizan, como en el caso romano, las sucesivas experiencias políticas de la colectividad. Por la sabia combinación de los diversos tipos constitucionales puros es, precisamente, por lo que alcanza su perfección la constitución de los romanos, "que han instituido el más hermoso gobierno que conozcamos"[16]. Pero en el desarrollo normal de los estados parece, descubrir Polibio –según la tradición aristotélica– el predominio de los tipos puros, esto es, aquellos en los que domina inequívocamente uno sólo de los grupos que constituyen el cuerpo social. Esto es, en efecto, lo que caracteriza los distintos regímenes: la monarquía, la aristocracia y la democracia, cada uno de los cuales corresponde a una cierta situación social, que es la que explica el peculiar sistema de las instituciones. Hay, pues, por debajo del conjunto de normas, determinados impulsos que no son, en última instancia, sino aquellos movimientos instintivos hacia la posesión y el poder que Polibio descubría en la naturaleza humana y en los que veía esconderse el origen de la organización de los grupos sociales.

La organización institucional determina, a los ojos de Polibio, el destino de la colectividad. Fruto de su perfección o de su imperfección es el conjunto de peripecias a que la colectividad se ve lanzada, de modo que se advierte en la dinámica de la vida histórica una interacción entre la rea-

---

15. *loc.* cit.
16. VI, 11.

lidad y las formas que ella misma ha creado, y que ahora revelan la voluntad de constreñirla dentro de ciertos marcos. La tendencia de los impulsos primarios a modificar la realidad constituye un hecho que no escapa a su observación. En cierto instante ve obrar la voluntad en detrimento del sistema de normas establecidas y reconoce en ella un elemento innegable e incoercible de la vida histórica. El realismo político merece a sus ojos una sanción desde el punto de vista moral, pero no se lo descubre inclinado a negar la legitimidad de esa conducta. Si "los reyes no tienen ni amigos ni enemigos naturales, sino que miden sus amistades y sus odios por sus intereses..."[17] es porque la realidad supera de pronto el sistema establecido de normas y exige un nuevo planteo. Es curiosísima su justificación de aquellos a quienes Demóstenes acusaba de traición[18] y el ajuste que realiza de esa idea: "Es claro que no se debería aplicar ese nombre (de traidores) ni a aquellos que en el seno de la tranquilidad pública mueven a sus conciudadanos a hacer alianza con un rey o una potencia cualquiera que sea, ni a aquellos que, obedeciendo a las circunstancias, hacen pasar a su patria de una antigua alianza a nuevas amistades. No, esos no son traidores porque, con tal conducta, la mayor parte de ellos han hecho la felicidad de sus conciudadanos"[19].

Polibio no había conocido una era de tranquilidad en la que pudiera considerarse normal la subsistencia de un orden jurídico, sino una época de total trastrueque de los principios y las situaciones político-sociales. De esa experiencia obtenía una fresca receptividad para acoger todos los datos que le proporcionaba la realidad y, al tiempo que podía juzgar los criterios heredados para interpretar la vida histórica, los enriquecía con nuevas aportaciones que los tornaban más comprensivos.

En términos generales, la vida histórica es para él un resultado de las relaciones que se establecen entre los diversos estados y del desarrollo interno propio de cada uno de ellos. El mundo está constituido por colectividades que se organizan según ciertas formas políticas, cada una de las

---

17. II, 47.

18. XVII, 15.

19. XVII, 14.

cuales procura asegurar su dominio sobre las demás y actúa frente a ellas movida por ese designio. Pero, además, cada una de ellas, como colectividad y como orden político, sufre un determinado proceso interno. La relación entre estos dos grupos de fenómenos caracteriza la vida histórico-social.

La mayor o menor importancia de un estado dentro del área a que pertenece proviene de sus riquezas, de sus recursos naturales y de la virtud de sus habitantes; pero esto no es válido en absoluto; todos estos datos no bastan para determinar la significación de un estado en un momento dado, porque esa significación no es absoluta sino rigurosamente histórica. Un estado no es de determinada manera, sino que se halla en determinada etapa de su desarrollo. Si esa etapa es la de madurez y rigor, su significación es grande; pero si ha comenzado a declinar todo carece de importancia, y ninguno de esos elementos, ni todos reunidos, pueden por sí solos devolverle la grandeza.

Las etapas de su desarrollo no son instancias arbitrarias: están sujetas a una ley sociológico-política cuyos esquemas valen para todos los estados en general. Puesto que su desarrollo no es sino una proyección del desarrollo orgánico, con etapas de infancia, de madurez, declinación y muerte, a cada una de ellas corresponde estrictamente un determinado sistema institucional, cuyo conjunto no es sino el de las formas de gobierno que Platón y Aristóteles habían estudiado ya. Pero los dos se habían limitado a describirlas como meras formas políticas. Polibio, en cambio, las considera como etapas necesarias en el desarrollo dinámico de la sociedad, y lo que en los teóricos anteriores a él eran formas puras e impuras de gobierno se transforma en el pensamiento de Polibio en etapas alternas de un desarrollo fatal, por las que deben pasar todas las colectividades. La forma primitiva, natural, espontánea, es la monarquía; viene en seguida la realeza, que aparece cuando se la modifica y se la corrige. En fin, cuando los vicios inherentes a la realeza se declaran, es decir, cuando degenera en tiranía, la aristocracia no tarda en nacer de su ruina común. La aristocracia, a su vez, termina por transformarse necesariamente en oligarquía; y cuando la multitud indignada se apresura a castigar las injusticias de los grandes aparece la democracia, que dura hasta que la insolencia del pueblo y el desprecio de las leyes generan la oclocracia"[20].

Así, cada una de las sucesivas formas constitucionales deriva de la anterior a causa de su descomposición; esta descomposición, pese a los matices naturalísticos que la caracterizan, está observada también a través de sus rasgos psicológicos y sociales y corresponde a la experiencia que suscitó en el ánimo de Polibio el espectáculo de la crisis de las ciudades-estado griegas. Aplicado el esquema al caso romano, advierte Polibio que el proceso ha sido diferente, pues cada etapa del desarrollo político de Roma ha dejado como herencia a la subsiguiente un sedimento que no ha sido desaprovechado, de modo que el sistema institucional se ha formado por aglutinación, combinando finalmente todas las llamadas formas puras en cuanto poseen algunos elementos capaces de servir a la estabilidad del estado. Con todo, el predominio de unos elementos sobre otros −del pueblo sobre la aristocracia− le parece inequívocamente acusado en el momento de su observación, y, pese al entusiasmo que despierta en él la arquitectura política romana, Polibio comienza a sospechar que también alcanzan a Roma los principios generales de su concepción cíclica.

"Tal es el círculo en el que giran las constituciones; tal es el orden que la naturaleza misma asigna a los cambios, a las transformaciones, al retorno de esas diversas formas. Conociendo bien esto podrá uno engañarse sobre el momento si trata de predecir la duración de tal o cual gobierno; pero será raro que se engañe sobre el punto de crecimiento o de decadencia a que haya llegado, o sobre la naturaleza de los cambios que debe sufrir, por poco que pueda juzgar sin cólera ni odio. Precisamente, a propósito de la constitución romana, este método, prudentemente aplicado, nos hará conocer los orígenes, los desarrollos, la madurez, así como los cambios que sobrevendrán. Pues más que ninguna otra, esta república se ha establecido y ha crecido según las leyes de la naturaleza, y las revoluciones que le esperan seguirán el mismo orden"[21]. Se insinúa aquí una notable contradicción en el pensamiento de Polibio, que proviene de su cambiante

---

20. VI, 4.
21. VI, 9.

actitud frente al problema de la causalidad histórica. Más que una contradicción, puede decirse que coexisten en su obra dos napas de pensamiento[22]. Mientras Polibio permanece bajo cierta influencia –la de Demetrios–, concibe la vida histórica como regida por una *tijé*, a la que imagina como un mero azar, o arbitrio de los dioses; lo único permanente es la naturaleza del hombre y de las colectividades, en tanto que el desarrollo histórico es imprevisible. Pero a partir de cierto momento –hacia 146, según Laqueur–, Polibio cae bajo la influencia de Panecio, y por su intermedio se introduce en el estoicismo pragmatista, escuela para la cual la *tijé* configura un orden legal, dentro del cual se inserta el desarrollo histórico según un curso necesario. Polibio concibe entonces el plan universalista de su obra y vuelve a ordenarla conforme a ese plan –dentro del esquema cronológico de las Olimpíadas–, apoyadas ahora sobre un nuevo supuesto fundamental: el decurso histórico transcurre en un todo de acuerdo con la naturaleza y según una ley inmutable de la que no es posible escapar.

De aquí la importancia que atribuye a todo el proceso causal en la indagación histórica. "En la historia –dice[23]–, la atención del escritor como la del lector no debe dirigirse tanto sobre el relato de los hechos mismos como sobre las circunstancias que los han precedido, acompañado o seguido. ¿Qué queda de la historia si apartáis de ella el estudio de las causas, de los medios, del fin de las empresas humanas y el cuidado de examinar si cada una ha tenido el éxito que debía esperarse? Un ejercicio literario, no una enseñanza; un pasatiempo para halagar un instante el oído, pero sin resultado para el porvenir". Este ejercicio literario constituía la actividad propia de aquellos historiadores que no se esforzaban por descubrir el secreto íntimo de la historia, y no obtenían de ella, en consecuencia, ninguna enseñanza valiosa. Porque a esa opinión sobre el principio legal que rige el desarrollo histórico acompaña, naturalmente, la convicción de que la historia "no solamente es bella sino necesaria"[24]. "El

---

22. Véase RICHARD LAQUEUR, *Polybius*. Berlín, 1913; también CARI WUNDERER, *Polybios*, Leipzig, 1927 y el estudio de T. R. GLOVER, "Polybius", en: *The Cambridge Ancient History*, vol VIII.

23. III, 31.

24. *loc. cit.*

simple relato de los hechos –dice en otro lugar[25]– puede ser interesante, pero no es provechoso por sí mismo. Agregadle la exposición de las causas, y la historia se carga entonces de hermosos frutos. De ese modo, en efecto, encontramos en las circunstancias cuya semejanza con aquellas de que somos testigos nos permiten relacionar con nuestra época una ocasión y una advertencia para prever el porvenir, para tomar aquí precauciones o llevar adelante más osadamente una resolución sobre las huellas de nuestros antecesores".

Ahora descubrimos, conducida hasta sus últimas posibilidades y justificada mediante una doctrina vigorosa y coherente, la tradicional tendencia al pragmatismo que se manifestaba ya en Tucídides. El pensamiento del gran ateniense se enriquece y se amplifica en el de su lejano sucesor, como si el correr del tiempo trajera nuevas aguas a su cauce. Pero la tarea de Polibio para justificar su pragmatismo era mucho más difícil que la de Tucídides. La realidad que se presentaba ante sus ojos era más inestable e incierta por el entrecruzamiento de diversos factores cuya significación era todavía imprevisible; él mismo confiesa, frente al caso romano, sus temores: "Pero si se pasa a los romanos, no es fácil hablar ni del estado actual de sus asuntos, por lo que su gobierno tiene de complicado, ni decir lo que ocurrirá más tarde a causa de la ignorancia en que estamos acerca de sus antiguas instituciones públicas y privadas"[26].

Empero, Polibio acierta con bastante exactitud en su pronóstico. La revolución necesaria comenzaba a insinuarse en Roma, y él alcanzó a ver los primeros pasos de su desarrollo con tanta nitidez como para discernir un paisaje lejano, en el que predominaban los rasgos con que él caracterizaba en términos generales esa etapa del desarrollo político-social. Así culminaba la filosofía de la historia de Polibio en una vasta creación teórica, saturada sin embargo de elementos vivos y de experiencias profundas, y de la cual se desprendía una prefiguración del porvenir estrechamente ligada a los grandes interrogantes de su tiempo.

---

25. XII, 25.
26. VI, 3.